Escapade à FLORENCE et en TOSCANE

MICHELIN®

SOURCE DES PHOTOGRAPHIES

The Travel Library, 9 ; The Travel Library/Daniel Cilia, page de titre, 29 ; The Travel Library/Citalia 47, 67, 69, 71, 112 ; The Travel Library/Philip Enticknap, page de couverture et quatrième de couverture, page de titre, 5, 7, 10-11, 13, 16, 17, 18, 22, 23, 24-25, 27, 30, 31, 32, 33, 34, 35(bas), 36, 37, 38, 39 (haut, bas), 41, 43, 45, 48, 49, 50, 51, 53, 54, 55, 56, 58, 61, 65 (haut, bas), 73, 75 (haut), 77, 79, 81, 83, 86, 88, 93, 96, 98, 99, 100, 102, 103, 105, 107, 109, 111, 115, 117, 121, 122, 124 ; The Travel Library/John Welburn, 97 ; Bridgeman Art Library, 14, 15, 35 (haut) ; Greg Evans International Photolibrary, 95 ; Natural Image/Bob Gibbons, 85 ; Natural Image/Peter Wilson, 8, 66, 74.

Page de couverture : Florence ; quatrième de couverture : champs de tournesols ; page de titre : vue du Ponte Vecchio, à Florence.

MANUFACTURE FRANÇAISE DES PNEUMATIQUES MICHELIN

Société en commandite par actions au capital de 2 000 000 000 de francs

Place des Carmes-Déchaux - 63 Clermont-Ferrand (France)

R.C.S. Clermont-Fd 855 200 507

Dépôt légal : janvier 97 - ISBN 2-06-655801-X - ISSN en cours

Imprimé en U.E. 12-96

SOMMAIRE

INTRODUCTION

Demandez à quiconque de vous citer une grande ville italienne et il vous répondra invariablement Rome, Milan, Venise, Naples ou Florence. Mais, demandez à cette personne de vous nommer une région de ce pays et il y a de fortes chances pour que la Toscane soit le premier nom qui lui vienne à l'esprit.

Cette terre magique, qui s'imposa comme la région phare de l'art et de la pensée, n'a cessé de séduire le monde depuis des siècles. Riche en ressources naturelles, la Toscane fut dès le Moyen Age l'un des principaux centres d'activité en Europe. A cette époque, les Toscans voyageaient beaucoup et disposaient d'un réseau commercial qui s'étendait déjà jusqu'aux villes du Nord de l'Europe, où ils contrôlaient le négoce de nombreux produits comme la laine et le vin.

C'est cependant l'intensité artistique de cette province italienne qui frappe le plus, sans doute parce qu'il nous en reste de nombreux trésors. La Renaissance florentine, au 15e s., a marqué l'apogée de cette explosion de créativité. Les œuvres d'art et les merveilles architecturales dont regorgent Florence et la Toscane attirent toujours autant de touristes.

Ajoutez à cela les nombreux sites historiques - châteaux, églises, vieilles villes au charme immuable -, les paysages superbes et variés, conjugués à des vins et à une gastronomie inoubliables, ainsi qu'à une population fière, élégante et hospitalière... Même lors de ses étés figés par la chaleur, la Toscane fera du touriste de passage un inconditionnel, avide de nouvelles découvertes. Cette région est unique. Et cela n'est qu'un euphémisme, car, ne vous méprenez pas, la *Toscana*, comme la nomme les Italiens, n'est pas simplement un lieu géographique, c'est aussi tout un état d'esprit.

Une des fameuses collines toscanes habillée d'un paresseux ruban de cyprès.

DESTINATION LA TOSCANE

Florence offre des points de vue à vous couper le souffle. Les 82 m du campanile de Giotto valent la peine d'être gravis ne serait-ce que pour admirer la cathédrale vue d'en haut (comme ici) ; mais du sommet de la coupole de cette dernière le panorama est tout aussi spectaculaire.

Par la route

A partir de la France : via la Riviera direction Gênes, puis vers Pise en empruntant l'A12 ; via Lyon direction Turin, puis en empruntant l'A21 et l'A26 vers Gênes, et puis direction Pise.

A partir de la Suisse : via le col du Grand Saint-Bernard, puis direction Gênes par l'A5 et l'A26 ; via les cols du Saint-Gothard ou du Simplon direction Milan, puis en empruntant l'A1 jusqu'à Bologne.

A partir de l'Autriche : via le col du Brenner et l'A22 (E6) jusqu'à Modène.

Consultez les cartes routières MICHELIN n° 988 (Italie au 1/1 000 000) et 430 (Italie du Centre au 1/400 000).

Par air

Deux aéroports desservent la Toscane : l'aéroport de Pise, qui traite la majorité du trafic international, et celui de Florence où atterrissent vols domestiques, charters et quelques vols des compagnies aériennes internationales. Les vols long-courriers arrivent généralement à Rome ou Milan (d'où l'on gagne Pise et Florence).

Un service de trains relie l'aéroport de Pise à la gare centrale (Santa Maria Novella) de Florence : compter 1 h. Des autobus (ou taxis) relient aussi l'aéroport de Florence au centre-ville.

Par le rail

Les trains en provenance de l'Italie, de Paris et Zurich, arrivent aux gares principales de Florence et de Pise, via Turin et Gênes ou Milan.

GÉOGRAPHIE

La péninsule italienne longe en certains points une faille d'origine volcanique, ce qui explique l'existence de volcans encore actifs sur son sol tels le Vésuve, l'Etna et le Stromboli. En Toscane, les volcans sont éteints depuis longtemps, même si la forme actuelle de certaines cuvettes et montagnes, tel le Monte Amiata, rappelle leur origine. La pérennité des villages médiévaux qui les habillent attestent de la tranquillité des lieux.

Située sur la côte Ouest de l'Italie en face de la Corse, la Toscane s'étend le long de la Méditerranée (appelée à cet endroit mer Tyrrhénienne) où elle se prolonge par des îles, dont la plus grande est l'île d'Elbe. Le triangle qu'elle forme s'appuie au Nord-Est sur la chaîne des Apennins et s'ouvre à l'Ouest et au Sud respectivement sur la mer Tyrrhénienne et sur un ensemble de coteaux, de vallées et de plaines.

Les Alpes apuanes fournissent l'un des marbres les plus fins du monde, que les Romains extrayaient déjà à Carrare dans des carrières similaires à celle-ci.

Le rehaussement des fonds marins fit surgir des montagnes calcaires le long de la côte Tyrrhénienne, au sud de Livourne. Ces reliefs rocheux contrastent avec les immenses plages de sable blanc de la Versilia. Dans le Nord, les Alpes apuanes, richement boisées, ont fait la célébrité de l'Italie depuis longtemps grâce à leurs superbes marbres. Dans le Sud-Ouest, c'est encore un visage différent qu'offrent les basses terres de la Maremme (la *Maremma*). Région de marais désormais assainie, la Maremme s'enorgueillit de nombreux sites et musées étrusques dont la beauté fascinante n'est pas sans rappeler les mystères de son passé, lorsque, seuls, bandits et gardians osaient s'y aventurer.

Au cœur de la Toscane, le bassin de l'Arno, riche et fertile, s'étend de Florence à Sienne se confondant avec la célèbre région des vignobles du Chianti. Au creux de ses vallées ondulant au fil des rivières issues de la chaîne centrale des Apennins, les écoulements volcaniques ont

Des filets tendus entre les oliviers sont prêts à être déployés pour la récolte.

déposé une terre fertile. D'abord étroites, les vallées s'ouvrent sur de vastes zones cultivées qui regorgent de fruits, de légumes, d'oliviers, mais aussi de fourrage pour le bétail, notamment pour les vaches blanches de la région.

La Toscane évoque un paysage de riantes

L'agriculture et la viticulture, grâce aux denrées et aux vins que produisent ces terres fécondes, sont depuis toujours des activités essentielles en Toscane.

collines fertiles. Mais elle recèle aussi une face cachée et mystérieuse. Vallées encaissées aux pentes escarpées, ou vastes étendues sauvages comme celles de la Maremme incitaient l'imagination des Romains à la peupler de satyres et de dieux maléfiques.

HISTOIRE

En Toscane, impossible de contourner l'histoire ! Depuis les nécropoles antiques à ces villes médiévales accrochées aux flancs des collines, des églises somptueusement ornées de fresques aux palais qui foisonnent, elle est inéluctable. Elle fait partie intégrante de la vie des Toscans. Vous le sentirez au plaisir qu'ils éprouvent lorsqu'ils se mettent à admirer leurs monuments, leurs places et leurs jardins, et à la fréquentation assidue des musées les jours d'entrée gratuite (généralement le dimanche). Ici, l'histoire appartient au présent !

Des origines au monde étrusque

La Toscane doit en fait son nom à ses premiers occupants connus, les mystérieux Étrusques. Bien que Cetona, près de Chiusi, et le Musée de Pontremoli attestent l'existence d'une présence humaine pendant la préhistoire et que l'Accademia de Montevarchi conserve des fossiles encore plus anciens, ce sont les Étrusques que les Toscans considèrent comme leurs ancêtres.

Les **Étrusques** s'installèrent au 8e s. av. J.-C. et fondèrent une fédération de douze cités-États. Bien qu'ils vécurent et prospérèrent pendant près de cinq siècles avant l'expansion romaine, on ne sait malheureusement pas grand-chose de ce peuple et de sa riche culture. De l'art étrusque, il ne reste bien souvent que du mobilier funéraire ou des sépultures ayant survécu à la domination romaine. Vous pourrez voir des vestiges d'art étrusque à Florence et dans divers musées régionaux comme ceux de Chiusi, Cortone, Volterra et Grosseto. Par ailleurs, de nombreux sites funéraires sont visibles à Populonia, Sorano, Sovana et Vetulonia.

La domination romaine

A partir de l'an 280 av. J.-C., les Romains annexèrent le peuple étrusque et absorbèrent leur identité culturelle. Par la suite, ils marquèrent la région de leur empreinte. Sous les pavés de Florence, par exemple, se dissimulent les ruines romaines d'une cité qui fut fondée par **Jules César** en l'an 59 av. J.-C. Des villas colossales, telles que celles d'Ansedonia et de l'île de Giannutri, ou les amphithéâtres de Fiesole, Lucques, Arezzo et Volterra sont autant d'indices

Vestiges d'un temple romain à Fiesole

attestant de la présence romaine dans la région.

La Toscane resta sous le joug romain jusqu'à la chute de l'Empire, en l'an 476. Une période de troubles et de déclin s'ensuivit, avec les invasions successives des Goths et des Lombards, avides d'occuper une région riche en ressources naturelles. En l'an 774, la Toscane passa finalement sous le contrôle de **Charlemagne**.

Vint ensuite la turbulente époque des rivalités entre les **Gibelins**, qui soutenaient l'Empereur, et les **Guelfes**, fidèles du Pape. De nouvelles villes

La Vierge en Majesté, peinte par Giotto vers 1310, est l'un des nombreux trésors que recèle la galerie des Offices à Florence.

furent érigées, protégées par des fortifications et dotées de palais à l'allure imposante.

La Renaissance

La Toscane du Moyen Âge était divisée en une multitude de petits fiefs qui se livraient une guerre incessante. Paradoxalement, c'est sur cette toile de fond sanglante que la vie artistique et intellectuelle allait connaître un essor sans égal et que ce rayonnement, dont l'apogée se situe au 15e, allait être capital non seulement pour l'Italie mais pour l'Europe entière.

Giotto, Ghiberti, Masaccio, Donatello, Botticelli, Della Robbia, Della Francesca, Léonard de Vinci, Michel-Ange... En quelques décennies, la Toscane donna naissance à une multitude de brillants esprits et d'artistes dont on ne peut citer ici que quelques noms. Musiciens, sculpteurs, architectes, écrivains et poètes toscans figurent parmi les plus grands que l'histoire ait connus.

Au 15e s., les conditions furent idéales pour qu'éclate ce formidable renouveau culturel. La

La Naissance de Vénus, par Sandro Botticelli (vers 1485), est exposée à Florence, au musée des Offices.

Renaissance tira profit des modes, de la folie des grandeurs, de l'argent. Les artistes avaient besoin de mécènes pour vivre, qu'ils trouvèrent parmi les riches marchands ou les aristocrates, et surtout chez les hommes d'Église.

A la fin du Moyen Age, la célébrité artistique de Sienne n'avait rien à envier à celle de sa grande rivale, Florence : elle choyait ses artistes, au titre desquels figurent Duccio di Buoninsegna, Simone Martini, Guido da Siena, et plus tard Beccafumi et le Sodoma. Florence fut cependant la grande instigatrice de la Renaissance, s'imposant aux villes voisines qui répondirent par une surenchère artistique. La plus grande famille de Florence, les **Médicis**, commanda des œuvres pour orner ses

Page ci-contre : *l'imposante fontaine de Neptune d'Ammannati n'est que l'une des magnifiques statues qui ornent la Piazza della Signoria, à Florence.*
Ci-dessous : *à Florence les chapelles des Médicis abritent les tombeaux de l'illustre famille, tel celui-ci que l'on doit à Michel-Ange.*

palais, ses galeries ou ses jardins. Cette nouvelle attitude éclairée envers l'art fit des émules dans son entourage, créant ainsi un véritable tissu de mécènes. L'argent et le mécénat des classes dominantes de la Toscane, et plus particulièrement de Florence, conférèrent à la vie artistique et intellectuelle un nouveau souffle pour l'ériger en modèle au reste de l'Italie et à l'Europe.

La prospérité, née du négoce et de la finance, avait incité toute une classe aisée à décorer ses églises, ses édifices publics, ses palais et même ses châteaux ou villas situées à la campagne.

La Toscane était déjà riche en monuments médiévaux, mais ces nouveaux nantis développèrent un appétit insatiable pour les demeures somptueusement meublées et les objets d'art originaux. Un tel engouement se répercuta sur l'architecture et la peinture, mais aussi la

La Divine Comédie de Dante, poème racontant son voyage dans l'au-delà, fut écrite en dialecte toscan. En hommage au grand poète du 13e s., Florence a reconstruit la maison qu'il habita et y a fait sculpter ce portrait sur un mur extérieur.

musique, l'écriture et la poésie, faisant de Dante - le père de la langue italienne -, de Pétrarque, Boccace et autres écrivains moins connus les phares de la Renaissance. Les artistes étaient sollicités pour toutes sortes d'œuvres, du simple tableau religieux ou profanes au dessin d'un jardin, sans parler des spectacles sophistiqués auxquels participaient poètes, dessinateurs et musiciens.

En Toscane, même les villages les plus reculés rassemblent dans leurs églises et musées de formidables trésors. Florence fut toutefois l'épicentre du mouvement.

L'Italie à l'heure de la modernité

La suprématie des Médicis commença à décliner au 18e s. et, un siècle plus tard, lors de l'unification de l'Italie dans les années 1860, la Toscane fut intégrée à un État neuf et moderne. Pour la première fois depuis la chute de l'Empire romain, le pays représentait une seule entité, mais chaque province gardait sa vitalité et son originalité.

Les mystérieux Étrusques

Peu de peuples restent aussi énigmatiques que les Étrusques. Lorsque nous les regardons aujourd'hui, élégantes figures sculptées allongées sur les pierres tombales, ils nous apparaissent comme des êtres calmes et souriant mais étranges et distants. Nous savons peu de chose sur cette civilisation qui se développa en Toscane aux alentours de l'an 800 av. J.-C. jusqu'à son asservissement par les armées romaines, à partir de 280 av. J.-C. Toutefois, leurs cités et leurs habitations jalonnent la Toscane et les régions voisines. De nombreuses villes comme Cortone, Arezzo, Fiesole, Chiusi, Volterra abritent des monuments et sites funéraires impressionnants.

Beaucoup de musées toscans vous donneront un aperçu de la vie des Étrusques. Au travers de ses vases, de ses bijoux ou de ses spectaculaires sculptures ornant les nécropoles, ce peuple nous apparaît comme une ethnie bien définie, aux goûts raffinés, voire luxueux et à la culture unique.

C'est surtout parce que leurs constructions et leurs objets étaient en bois et n'ont pas survécu à l'épreuve du temps que les Étrusques nous sont restés longtemps inconnus. Ils ont par ailleurs été annexés par les Romains et leur identité culturelle s'est diluée. Les seuls témoignages que nous possédons de leur organisation sociale et de leur mode de vie sont les innombrables sites funéraires, dispersés dans la campagne, dont les plus importants se situent au Sud de la Toscane, dans le Latium, à Cerveteri ou à Tarquinia. Installées au pied de villes perchées sur des collines, ces gigantesques nécropoles se composent de chambres souterraines remplies d'objets et décorées de peintures représentant des scènes domestiques, des danses, des banquets... nous donnant ainsi quelques notions de leur style de vie.

Pour certains, la présence des Étrusques sur cette terre qui était la leur est indéniable. Il est certain que leur originalité est reconnaissable à l'allure altière de leurs cités, comme en témoignent les murs, les habitations et les tombeaux qui ont été préservés. Leur nom n'est-il d'ailleurs pas resté dans le terme de «Toscane», vestige de la terre perdue d'Étrurie.

La fameuse Chimère d'Arezzo se trouve au musée archéologique de Florence.

UN PEUPLE ET SA CULTURE

Comme il se doit sur cette terre, berceau de civilisations vieilles de plus de 3 000 ans, beaucoup de ses habitants se targuent aujourd'hui d'avoir des origines étrusques ou romaines. Il est incontestable que les Toscans portent en eux élégance et sobriété et sont également très fiers de leur appartenance à cette région. Est-ce l'esprit étrusque qui s'attarde ainsi en eux ? A chacun de méditer la question en observant les sculptures exposées dans les musées de villes comme Chiusi ou de Volterra où beaucoup d'habitants se targuent de descendre des Étrusques, ou à Florence, qui offre une collection très raffinée de pièces étrusques.

Refaire le monde peut entraîner des débats animés, mais le plus souvent bon enfant.

Regardez les Toscans dans la rue. Vifs, élégants et fiers, ils font preuve de caractère. Quel que soit leur âge, ils sont fascinants. Chez eux, la politesse est innée et dès que vous leur adresserez la parole, leur charme, même s'ils ne sont pas les seuls à en user, ne vous laissera pas indifférent. Ils apprécieront votre intérêt pour leurs villes, leur terre ou leur style de vie. Dans cette région où Dante jeta les bases de l'italien moderne, si vous parlez un peu la langue du pays - même quelques mots - le sourire et les compliments des habitants vous encourageront. Cette langue est un plaisir à entendre, souvent rapide mais toujours claire, conjuguée à une gestuelle du corps, allant du haussement d'épaules à des mouvements plus osés et plus expressifs.

Partout en Italie, la vie dans la rue revêt une importance particulière. Les soirées sur les places ou dans les rues principales se prolongent tard dans la nuit lorsque les habitants se rendent visite et devisent autour d'un repas ou d'une table de café. C'est l'heure où les jeunes flirtent, où les enfants se promènent et les vieux se retrouvent autour d'un café ou d'un verre de grappa, partie intégrante du paysage démographique. Rien de surprenant donc que, depuis des siècles, cette atmosphère de convivialité qui semble si banale ici exerce une telle force d'attraction sur les étrangers, dont certains ne repartent jamais.

On trouve toujours le temps de s'asseoir pour passer le reste de la journée.

A VOIR ABSOLUMENT

Cette région du monde est si riche qu'il est difficile de choisir dix thèmes qui sortent du lot et, une fois sur place, vous ne tarderez pas à faire vos propres choix. Voici néanmoins dix propositions.

Florence★★★
Cette ville arrive sans conteste en tête de liste. Patrie de chefs-d'œuvre de renommée mondiale, elle reste une des villes culturelles les plus extraordinaires.

Sienne★★★
Lovée au milieu des collines, la petite ville de Sienne est connue pour sa splendide place centrale dessinant une coquille.

Pise★★★
Dans cette ville, naguère grande rivale de Florence, la fameuse Tour penchée n'est qu'un élément du splendide Campo dei Miracoli.

San Gimignano★★★
Au Moyen Âge, les familles rivales y édifièrent

Les terrasses des jardins de Boboli offrent une superbe vue sur Florence et la campagne environnante.

d'innombrables tours défensives symboles de leur puissance. La ville évoque remarquablement ce passé révolu avec la douzaine de tours restantes.

L'île d'Elbe★★
L'île de Napoléon est une séduisante beauté, alliant des paysages de montagnes et des plages aux eaux claires et chaudes.

Les montagnes
Une journée dans les Apennins, pour explorer l'épine dorsale de l'Italie, restera gravée dans vos mémoires. Sur le trajet, autoroutes et viaducs surplombant d'impressionnants ravins vous feront apprécier la qualité des routes.

La route du Chianti
Enfoncez-vous dans le cœur du pays viticole, le Chianti, au fil des petites routes de campagne entre Florence et Sienne. Arrêtez-vous, goûtez et pique-niquez !

Promontoire de l'Argentario
L'Argentario, massif montagneux ceint par la mer, est accessible par un fin ruban de terre. On profite de ses belles plages de sable fin et de ses savoureux fruits de mer.

Villes perchées typiques
Le choix est vaste. Il faut voir Pienza pour sa place, premier exemple d'urbanisation de la Renaissance, Monteriggioni, sertie de murs hérissés de tours, ou la mystérieuse Sovana et sa nécropole étrusque, sans parler de Certaldo, patrie de Boccace toute de briques roses.

Manifestations traditionnelles
Dans des villes comme Sienne, Arezzo, Sansepolcro ou Montepulciano, vous pourrez admirer de spectaculaires reconstitutions historiques *(voir p.40-41)*.

De petites villes, comme Pereta, juchées sur les hauteurs attendent votre visite.

FLORENCE★★★

Toute la Toscane se retrouve dans Florence, *Firenze* ou la cité des fleurs. Cette ville raffinée, élégante et souvent considérée comme la capitale des arts, se livrera au fil de ses musées, églises et galeries pour mieux vous envoûter.

La lumière du soir souligne les tons chauds du plus vieux pont de Florence, le Ponte Vecchio.

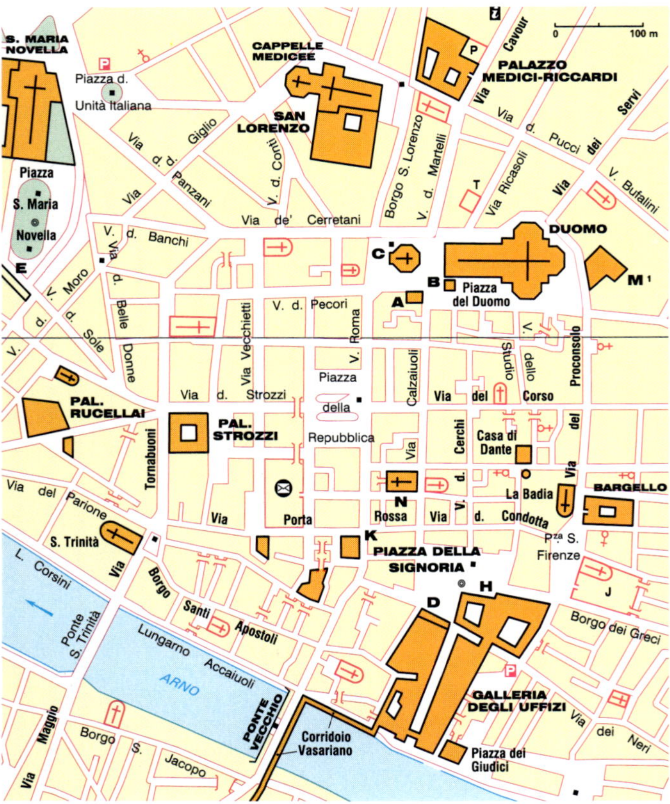

Rien d'étonnant à ce que la ville, bâtie par **Jules César** sur les rives de l'Arno enjambé par le fameux **Ponte Vecchio★★**, soit l'un des lieux les plus touristiques de l'Italie. Comme les plus grands musées et monuments sont assez proches les uns des autres, nous vous conseillons les déplacements à pied. Le centre-ville, très compact, est piétonnier, mais très fréquenté l'été. Préférez donc le printemps ou le début de l'automne.

Plan de Florence
A *Loggia del Bigallo*
B *Campanile*
C *Battistero*
H *Palazzo Vecchio*
M¹ *Museo dell'Opera del Duomo*
D *Loggia dei Lanzi*
E *Loggia di San Paolo*
K *Mercato Nuovo*
N *Orsanmichele*

Principaux édifices

La **cathédrale Santa Maria del Fiore★★★ (Duomo)** est stupéfiante par sa taille (c'est l'un des plus grands édifices du monde chrétien), mais aussi par ses couleurs extérieures : marbre blanc de Carrare (bien sûr), rose de la Maremme et vert de Prato. La façade date du 19ᵉ s. Comparativement, l'intérieur semble sombre et

La Cathédrale, le Campanile et le Baptistère, tous trois habillés de rose, de vert et de blanc, forment un ensemble remarquable au cœur de la ville.

La voûte du Baptistère est décorée de mosaïques représentant le Christ entouré de scènes du Jugement dernier.

dépouillé, mais frappe par son immensité. Quelques œuvres d'art valent le coup d'œil.

Commencée en 1296, elle ne fut achevée qu'en 1463, car personne parvenait à résoudre le difficile problème de la couverture de son immense chœur. C'est **Brunelleschi** qui eut l'idée d'un système d'arcades principales et secondaires capables de supporter le poids du dôme. Après 14 ans de travaux, son succès balaya le scepticisme de ses détracteurs. Si vous ne souffrez pas du vertige, la montée au sommet de la coupole offre un magnifique panorama sur Florence.

Le **Baptistère**★★★ octogonal (Battistero San Giovanni), élevé sur des ruines romaines, est l'édifice florentin dont les origines sont les plus anciennes. Ses trois portes de bronze, mis en valeur par les façades polychromes de marbre, sont célèbres à juste titre. Des concours, auxquels

prirent part les plus grands artistes de l'époque, furent organisés pour savoir qui réaliserait chaque porte. La porte Sud, œuvre d'**Andrea Pisano**, illustre la vie de saint Jean-Baptiste. **Lorenzo Ghiberti** obteint la réalisation des portes Nord et Est. La première évoque la vie du Christ alors que la seconde, qui demanda 27 ans de travail, met en scène l'Ancien Testament. Sa beauté lui valut d'être surnommée par Michel-Ange la «porte du Paradis».

Le **campanile de Giotto**★★★, au revêtement de marbre polychrome, est tout aussi merveilleux. Ses lignes épurées contrastent avec les formes arrondies de la cathédrale. Du haut de ses 82 m, il offre une fantastique vue panoramique.

Les portes en bronze sont célèbres à juste titre et attirent toujours une foule de visiteurs.

Musées

Juste derrière cet ensemble prestigieux se trouve le **musée de l'Œuvre de la Cathédrale**★★ (Museo dell'Opera del Duomo) : on y trouve les œuvres d'art qui ornaient les trois monuments, tels que *La Pietà* de **Michel-Ange**, les vantaux d'origine de la fameuse Porte du Paradis, le masque mortuaire de **Brunelleschi** ou des sculptures de **Donatello.**

Sur la **Piazza della Signoria**★★, le **Palazzo Vecchio**★★★ est le siège du gouvernement florentin depuis 1299. Majestueux, mais d'allure un peu sévère, cet édifice gothique est surmonté d'une tour altière (94 m) qui abrite la célèbre cloche appelée la *Vacca* (la Vache). Luxueusement décoré et orné de somptueuses statues et œuvres d'art, l'intérieur surprend par son style purement Renaissance. A proximité, la **Loggia dei Lanzi**★★

Le Palazzo Vecchio apparaît de l'extérieur comme une sévère construction gothique dominée par une tour d'une élégance altière. Cette rigueur contraste avec les richesses des splendides appartements intérieurs datant de la Renaissance.

abrite des sculptures comme l'*Enlèvement d'une Sabine* de **Giambologna** ou le *Persée* de **Cellini**. La Piazza della Signoria est jalonnées d'autres chefs-d'œuvre (ou copies), dont le célèbre *David* de Michel-Ange.

Florence possède quelques-uns des plus beaux musées d'Europe. Le plus grand, les **Offices★★★** (Galleria degli Uffizi) occupe un palais Renaissance dessiné par **Vasari**. Il contient certainement la plus belle collection de peintures florentines, mais aussi de nombreux trésors provenant de périodes et de pays divers. C'est pourquoi le guide du musée vous aidera à faire votre choix entre Michel-Ange, le Titien, le Caravage, Giotto, Simone Martini, Piero della Francesca, Paolo Uccello, Filippo Lippi, Botticelli, Hugo van der Goes, Verrocchio, Léonard de Vinci, Raphaël et bien d'autres.

L'**Académie des beaux-arts★★** (Galleria dell'Accademia) est un must, même si vous ne voyez que le *David* de **Michel-Ange** et les *Quatre Esclaves*. Florence propose encore bien d'autres musées, dont le **Musée archéologique★★** (Museo Archeologico) avec une vaste collection de pièces grecques, romaines, égyptiennes et étrusques, et le **Musée de Florence telle qu'elle était** (Museo di Firenze Com'era), qui retrace l'histoire de la ville à l'aide de cartes, de croquis et de plans.

Faute de temps, vous ne visiterez peut-être pas tous ces musées, mais ne ratez surtout

L'Enlèvement d'une Sabine (1583), œuvre de Giambologna, dans la Loggia dei Lanzi.

Portrait de la belle Lucrezia Panciatichi, par Agnolo Bronzino (Galerie des Offices).

Des générations de Médicis collectionnèrent des œuvres d'art présentées aujourd'hui aux Offices ; c'est l'une des plus belles collections du monde.

pas le **Palazzo Bargello et son musée★★★**. D'allure plutôt austère et massive, cette ancienne prison, une inestimable collection de sculptures, parmi lesquelles figurent des œuvres majeures de Donatello, Michel-Ange et Cellini.

Palais

Les palais florentins dissimulent aussi bien

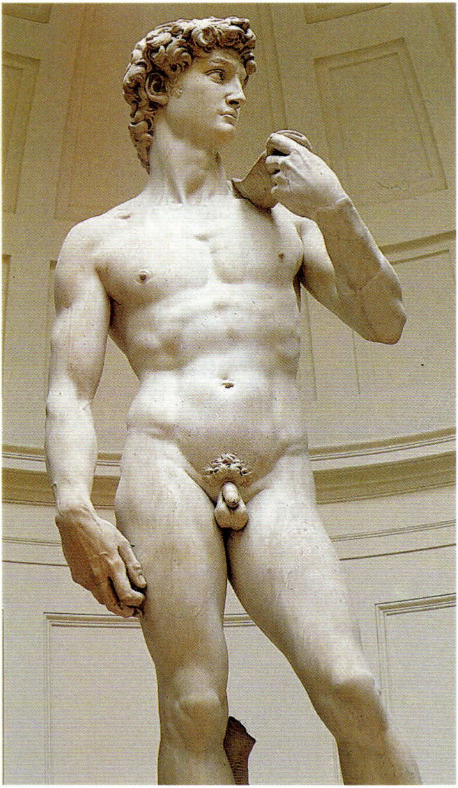

L'original du David de Michel-Ange se trouve à la Galleria dell'Accademia.

Les terrasses des jardins à l'italienne de Boboli offrent un havre de paix où l'on se reposera entre les visites des six musées et galeries du palais Pitti.

d'autres merveilles. Le **Palazzo Pitti★★** cerné à l'arrière par les **jardins de Boboli★**, est l'un des plus atypiques : imposant, il s'apparente plutôt à une forteresse. Il abrite de nombreuses collections, réparties dans six musées et galeries, dont la plus remarquable, la **Galerie palatine★★★** (Galleria Palatina), est célèbre pour ses œuvres de **Raphaël** et du **Titien** exposées dans de superbes pièces d'époque. Attention : chaque musée ou galerie étant payant, il est vite onéreux d'en visiter plusieurs (pensez aux billets combinés).

Chaque palais réserve un plaisir différent. Au **palais Medici-Riccardi★★** (l'actuelle mairie), le *Cortège des Mages* de Gozzoli resplendit sur les murs de la chapelle. Le **palais Davanzati★**, lui, restitue admirablement un intérieur médiéval par son ameublement. Les **palais Strozzi★★** et **Gondi★**

vous dévoileront leurs splendides cours intérieures. Allez voir aussi la façade du **palais Rucellai★★**.

Églises

Beaucoup d'églises sont des musées en elles-mêmes. **Santa Croce★★**, le panthéon de Florence, possède un ensemble de monuments funéraires et de fresques qui retrace l'évolution des styles depuis Giotto jusqu'à la Renaissance. **San Lorenzo★★★** abrite les chaires dessinées par Donatello : sur le côté, on accède à la Bibliothèque laurentienne dessinée par Michel-Ange, et à l'arrière aux chapelles des Médicis, dont Michel-Ange orna les tombeaux de ses mélancoliques et fascinantes statues.
Le couvent de **San Marco★★** expose les œuvres de **Fra Angelico**. **Santa Maria Novella★★** contient de nombreuses fresques exquises, dont celles de Ghirlandaio et de Masaccio, ainsi que des œuvres de Giotto, Orcagna et Bronzino. De l'autre côté de la colline, la séduisante façade de **San Miniato★★** vous incitera à une longue ascension que récompenseront la fraîcheur et la beauté sereine de son intérieur. De là-haut la vue panoramique sur Florence est grandiose.

Fresques des chapelles Médicis, au revers de San Lorenzo.

Cette mosaïque, dans l'abside de San Miniato, représente le Christ bénissant la Vierge.

Après toutes ces visites, une bonne chaise et une boisson fraîche sont les bienvenues, particulièrement lorsque la table choisie permet d'apprécier un tel panorama.

Manifestations traditionnelles

Imaginez-vous au 14e s., dans un décor d'époque. Cela est possible en Toscane où, chaque année, des villes entières revêtent armures et costumes pour revivre, dans une ambiance de sons et lumières, les festivités du Moyen Age. En assistant à ces manifestations, vous vous sentirez partie prenante de cet héritage culturel.

Dans les vieilles villes, cette immersion dans le passé semble d'autant plus authentique que les habitants sont enthousiastes et n'hésitent pas à revêtir des costumes d'époque pour commémorer un événement historique. Cela vaut non seulement pour les carnavals, mais aussi pour les jeux médiévaux organisés dans les centres-villes anciens. Ces manifestations sont très variées, du fameux **Palio de Sienne** (course autour de la Piazza del Campo où s'affrontent dix cavaliers, choisis parmi les dix-sept *contrade* de la ville) aux **joutes du Sarrasin** sur la place d'**Arezzo** (spectaculaire tournoi médiéval suivi d'une parade haute en couleur). A **Sansepolcro**, un concours de tir à l'arbalète recrée l'affrontement entre les tireurs d'élite de Sansepolcro et ceux de Gubbio, en Ombrie. **Massa Marittima** a, elle aussi, son tournoi d'arbalète. Quant à **Montepulciano**, elle organise une course de tonneaux (le Bravio delle Botti) entre ses quartiers, le tout agrémenté d'un banquet en plein air.

Même si elles présentent souvent

un caractère commercial, de nombreuses manifestations sont organisées chaque année dans différentes villes : ainsi la Feria di San Luca, foire aux chevaux et aux vins d'**Impruneta**, la fête du Chianti qui se tient en mai à **Pontassieve** ou encore la fête des fruits à **Lari**. Dans diverses localités, on fête le carnaval. A **San Vincenzo**, une foire commerciale se charge d'attirer les visiteurs hors saison. Même les communes plus petites ont souvent leurs propres manifestations qu'animent mascarades et danses, comme celle du Bello Ballo de **Bibbiena**, à la fin du carnaval. Ces spectacles ne se tiennent généralement qu'une fois l'an, parfois moins fréquemment. Il est donc préférable de se renseigner auprès de l'Office du tourisme italien.

Défilé avant la partie de Calcio storico, le football médiéval de Florence.

DES VILLES ET DES CITÉS

Cela ne fait aucun doute : nulle part ailleurs il n'existe une telle concentration et diversité de villes historiques. Des stations balnéaires dorées par le soleil aux villages accrochés aux flancs des collines, la Toscane est jalonnée de localités séduisantes. Ne vous laissez donc pas dissuader par la périphérie urbaine de certaines agglomérations, car les centres-villes, très protégés, sont restés indemnes. La plupart sont d'ailleurs piétonniers, ce qui rend leur visite encore plus agréable.

Arezzo★★

Les musiciens connaissent bien cette ville, patrie de **Guido Monaco** (dit Guido d'Arezzo), l'inventeur de l'écriture musicale moderne. En fait, Arezzo vit naître bien d'autres personnalités : **Pétrarque** et **Pietro Aretino**, dit **l'Arétin**, pour les écrivains, **Spinello Aretino** ou **Vasari** pour les peintres. Bien qu'entouré d'une banlieue moderne, le vieux centre, étagé sur une colline, demeure un petit bijou paré d'élégants palais, notamment sur la **Piazza Grande**★, et d'édifices religieux, telle la très jolie **Pieve di Santa Maria**★, église romane dont le campanile est ajouré de «cent trous» (des baies géminées). On admire aussi les fameuses fresques★★★ de **Piero della Francesca** dans le chœur de l'**église San Francesco**.

L'amphithéâtre romain du 1er s. av. J.-C. se visite en même temps que le **musée archéologique** aux belles poteries romaines rouge corail. Située en zone rurale aux confins orientaux de la Toscane, Arezzo est le point de départ de jolies excursions.

Carrara (Carrare)

Il est étonnant de penser que le marbre, cette roche calcaire brillante, aux couleurs et veinures

Le campanile de la Pieve di Santa Maria apparaissant au-dessus des toits d'Arezzo, tout ciselé par la paisible régularité de ses baies géminées.

si variées, doit son existence aux coquilles et squelettes de minuscules crustacés qui ont tapissé les fonds marins durant des millénaires. Sous une pression et une chaleur souterraines intenses, ces cimetières ont émergé de l'eau pour donner naissance aux montagnes. Les quelque 300 carrières des Alpes Apuanes ainsi formées produisent les meilleurs marbres blancs du monde. Ces carrières fournissent 500 000 tonnes annuels de marbre ; on y voit passer, comme par exemple à **Fantiscritti**, des blocs scintillants que des trains acheminent à Marina di Carrara. Aujourd'hui, ce marbre sert surtout au bâtiment et à la décoration, bien que les sculpteurs se déplacent encore ici pour choisir leurs blocs, à l'instar de **Michel-Ange**.

Peu réputée pour être touristique, Carrare n'est pas seulement la ville du marbre. Ses palais baroques aux tons roses, sa cathédrale romano-gothique, sa fontaine du 16e s. et son opéra du 19e s. valent le déplacement.

Chiusi★ - au Sud d'Arezzo
Si la civilisation étrusque vous intéresse, Chiusi, l'une des douze cités souveraines de l'Étrurie, est une étape obligatoire. Bâtie au sommet d'une colline au Sud-Est de la région, sa proximité de Rome lui valut d'être l'une des premières cités conquises. On peut y voir de nombreux tombeaux, mais celui du roi **Porsenna** qui défia Rome reste introuvable. Le **musée archéologique★** est proche de la cathédrale San Secondiano qui abrite aussi des pierres étrusques et des colonnes romaines issues de monuments antiques détruits il y a un millénaire. Il existe de nombreux passages étrusques sous la ville.

Cortona★★ - au Sud d'Arezzo
Aux frontières de l'Ombrie, sur une crête des Apennins, Cortone se serre derrière ses fortifications médiévales. Aux environs, des tombeaux étrusques rappellent son glorieux passé antique. En arpentant les rues pentues du centre historique et ses monuments, vous remonterez le cours de l'histoire. Parmi les nombreux palais, le **Palazzo Pretorio★** présente les riches collections du musée de l'Académie étrusque★. Le Moyen Age et la Renaissance ont laissé de belles églises, dont **Santa Maria del Calcinaio★★**, **Santa Maria Nuova** et le **Duomo**. Le **musée diocésain★★** abrite une superbe *Madonne entourée de saints* par **Fra Angelico** et des peintures de **Signorelli**.

Les rues pentues de Cortone encore flanquées de maisons et palais médiévaux permettent de se replonger facilement dans son lointain passé.

Elba★★ (île d'Elbe)
L'arrivée par bateau vous fera pressentir la beauté de cette île dont vous prendrez toute la mesure une fois arrivé.

L'Elbe fut synonyme de soulagement pour l'Europe lorsque Napoléon, déchu, y séjourna de 1814 à 1815. On le pensait évincé, lorsque dix mois après son arrivée sur l'île, il s'en échappa pour revenir en France et redonner vie à ses ambitions. Cette tentative se solda par la défaite de Waterloo et par un second exil, cette fois à Sainte-Hélène. La maison qu'il occupa, la **Villa dei Mulini**, a été transformée en musée et sa modeste résidence d'été à **San Martino** se visite également.

Elbe est très fréquentée en été ; choisissez de préférence le printemps ou l'automne pour vous y rendre. La nature y sera verdoyante, les plages de sable fin et les superbes baies accueillantes. Vous pourrez faire de la voile ou vous baigner à volonté. L'île n'échappe pas non plus à la mainmise des promoteurs immobiliers, mais dans la mesure où les projets d'urbanisation ont été bien encadrés, son charme est resté indemne. En été, fuyez la chaleur en vous rendant à l'intérieur de l'île, dans les petits villages. Un funiculaire vous transportera de **Marciana** au **Monte Capanne**★★, d'où vous aurez une vue panoramique de l'île et des côtes toscane et corse.

Crustacés et poissons abondent, et le dessert local, d'origine arabe, vaut le coup de fourchette. Son nom, la **Scacciabriaca**, vient du verbe schiacciare (écraser). Il s'agit d'une pâte truffée de fruits locaux, frite à la poêle et trempée ensuite dans un vin rouge consistant.

Cela vous surprend-il encore que l'île d'Elbe soit si courue ?

Ces thermes romains mis au jour à Fiesole datent du Ier s. av. J.-C.

Fiesole★ - près de Florence
Fondée sur une hauteur selon la tradition étrusque, Fiesole domine son ancienne rivale, Florence, par laquelle elle fut conquise en 1125. Elle possède de multiples vestiges romains et étrusques. Le **panorama★★★** le plus spectaculaire sur Florence et les somptueux jardins des villas alentour est celui qu'offre le **monastère San Francesco★**. Dans la **zone archéologique**, des thermes et un théâtre romains côtoient les murs d'un temple étrusque, tandis qu'un impressionnant temple, construit au 20e s., accueille le musée. Fiesole peut s'enorgueillir d'une **cathédrale★** rassemblant quelques jolies sculptures, érigée au cœur de la ville sur la **Piazza Mino da Fiesole**.

Grosseto
Protégée par un rempart du 16e s., Grosseto est la capitale de la Maremme, cette ancienne zone marécageuse qui resta isolée jusqu'au siècle dernier en raison du risque de paludisme. C'est une étape gourmande pour ses escargots et fruits de mer ou ses cabris et gibiers.
L'édifice crénelé qui domine la **Piazza Dante Alighieri**, pastiche de gothique siennois réalisé au

début du siècle, est le palais de la province. A côté, le Duomo, bâti au 13e s. mais amplement restauré, conserve son charme d'origine grâce à ses couleurs rose et blanche.
Dans les alentours, les vestiges étrusques de **Roselle** et les ruines romaines de **Vetulonia**★ valent le détour.

Les lignes fluides de cette statue de la Piazza Dante Alighieri à Grosseto contrastent avec les créneaux du palais de la province.

Livorno (Livourne)

Grand port commercial d'Italie, Livourne est née en 1571 à l'initiative de Cosme Ier de Médicis désireux de remplacer le port de Pise ensablé par les alluvions. Le port médicéen fut achevé en 1620 sous Cosme II. Dévastée lors de la Seconde

Guerre mondiale et reconstruite depuis, la ville n'est pas dénuée d'un certain charme. Elle est gardée par deux forteresses : l'une est dotée de douves (centre-ville) et l'autre (sur le port) est surplombée d'une puissante tour. La gare est de style art nouveau. D'excellents restaurants de poisson longent le vieux port (goûter surtout aux coquillages et aux anguilles).

Tout naturellement, Livourne possède un **centre de recherche marine** et un **aquarium**. Parmi les célébrités originaires de Livourne figurent le compositeur **Mascagni** et le peintre **Modigliani**.

Lucca★★★ (Lucques)

Ville magique et restée intacte à travers les siècles, Lucques recèle de nombreux trésors. Colonie romaine à l'origine, le traçage à angle droit des rues, typique des garnisons romaines, apparaît encore dans sa structure malgré le tissu complexe des places et ruelles ajoutées au Moyen Age.

Ne manquez surtout pas la promenade le long des impressionnantes murailles du 16e s. Ses quatre kilomètres encerclent littéralement la ville.

La prospérité de Lucques dès le Moyen Age est due à la vitalité de ses marchands. Les premières richesses réinvesties en transactions bancaires et

La promenade bordée d'arbres aménagée sur les remparts du 16e s. qui encerclent Lucques offre une promenade ombragée et de belles vues de la ville. Une idée : louez des vélos pour les parcourir !

dans le négoce de la soie, les affaires financèrent la construction de grands édifices tels que le **Duomo★★**, cathédrale de style roman pisan, les églises **San Michele★★** et **San Frediano★** aux fantastiques façades, et les palais Renaissance. La **Piazza dell'Anfiteatro** épouse la forme elliptique de l'amphithéâtre romain sur lequel elle est construite. La visite de la **Casa dei Guinigi**

La Piazza dell'Anfiteatro recouvre le site d'un amphithéâtre romain et en épouse la forme.

s'impose également : le sommet de sa vielle tour (ombragé par deux arbres !) offre une vue imprenable sur la ville.

Napoléon donna cette cité à sa sœur **Elisa** en 1805, où elle fit construire une résidence d'été, la **Villa Reale** (à Marlia), l'une des plus somptueuses de la campagne environnante, dont on visite les jardins★★. Après la chute de Napoléon, Lucques fut donnée en duché à **Marie-Louise de Bourbon**.

Montepulciano★★ - Sud-Ouest de Sienne
Cette ville étirée au sommet d'un relief volcanique abrite de nombreux édifices de divers époques et styles. Sa rue principale, piétonne, offre un joli parcours agrémenté de dix **palais★**, dont plusieurs de **Sangallo l'Ancien**. Au centre, la **Piazza Grande★★** constitue le cœur de la ville. S'y dressent le **palais communal★** (du sommet de sa tour immense panorama★★★), le **duomo** du 16e s., le majestueux **Palazzo Nobili-Tarugi★**, un **puits★** orné de griffons. A proximité le **Museo Civico** présente des terres cuites vernissées de Della Robbia, des vestiges étrusques et des peintures du 13e s. au 18e s.

En contrebas des murs de la ville, côté Sud-Ouest, on découvre l'église de la **Madonna di San Biagio**, construite au 16e s. par Sangallo. La teinte chaude et dorée du travertin dans laquelle elle fut construite ainsi que la simplicité de son dessin comblent le regard : c'est un des plus beaux chefs-d'œuvre de son époque.
La ville vaut également le détour pour ses manifestations et parades *(voir p.93)*.

La splendide église de la Madonna di San Biagio fut achevée en 1529.
Construite sur un plan en croix grecque, elle est couronnée d'une coupole.
Son architecte, Antonio da Sangallo, dit Sangallo l'Ancien, fut nettement influencé par le projet initial de la basilique Saint-Pierre de Rome.

Pisa★★★ (Pise)

Il serait trop simpliste de ne retenir de Pise que la Tour penchée. Certes, elle est impressionnante, mais Pise propose bien d'autres splendeurs aux touristes qui prendront le temps de la parcourir.

Il faut commencer par le **Campo dei Miracoli★★★** (ou **Piazza del Duomo**) avec ses quatre merveilles architecturales. La **cathédrale★★** (en italien Duomo) avec ses quatre étages de colonnades en façade, sa riche décoration extérieure et les jeux géométriques de ses marbres polychromes offre un bel exemple de style **roman pisan**. A l'intérieur, ne manquez pas la chaire finement sculptée par **Giovanni Pisano**.

La **Tour penchée★★★** (Torre pendente) est un campanile. Commencée en 1173, sa construction s'acheva en 1350. Tout de marbre blanc, cet édifice d'une hauteur de 58 m penche

Au milieu des pelouses verdoyantes du Campo dei Miracoli s'érigent en enfilade la majestueuse coupole gothique du Baptistère, le Duomo et la Tour penchée.

dangereusement, car le sous-sol alluvial est instable. Les diverses tentatives pour enrayer le phénomène (dévers de 4 m au sommet) sont restées vaines. La tour est fermée au public.

La construction du **Baptistère★★★** (Battistero) débuta en 1153 et ne prit fin qu'au 14e s., avec l'adjonction d'une coupole gothique. Imposant de l'extérieur, l'édifice est tout aussi majestueux à l'intérieur : grande clarté, impression d'espace, marbres superbes, chaire sculptée par **Nicola Pisano**, magnifiques bas-reliefs et statues.

La quatrième curiosité incontournable de l'esplanade est le **Camposanto★★**, principal

La tour commença à pencher alors qu'elle était à moitié construite. Les architectes tentèrent vainement de rectifier l'angle avec les étages restants.

cimetière de la ville jusqu'au 13e s. quoique réservé aux riches et aux notables. Ressamblant à un grand cloître rectangulaire, il renferme de la terre sainte rapportée par les Croisés. La galerie périphérique contient encore de jolies fresques de **Gozzoli**, **Gaddi** et de **Spinello Aretino**, bien que la majorité fut détruite durant la Seconde Guerre mondiale.

Les **Jardins botaniques** (Orto botanico), délicieuse oasis au cœur de la cité, comptent parmi les plus vieux d'Europe. De là, vous pourrez gagner la **Piazza dei Cavalieri**★, où se trouvent une église et des édifices dus à **Vasari**, ou **Santa Maria della Spina**★★ toute hérissée de pinacles et de gâbles. Le **musée de la Cathédrale**★★ (Museo dell'Opera del Duomo), le **musée des Sinopies**★ (Museo delle Sinopie) et le **Musée national de San Matteo**★★ valent tous une visite.

Pistoia★★

Cette ville comporte de beaux monuments des 12e, 13e et 14e s. regroupés autour de la **Piazza del Duomo★★**, notamment la **cathédrale San Zeno★**, avec son célèbre autel de Saint-Jacques★★★ en argent et le **Baptistère,** œuvre d'**Andrea Pisano**. L'**Ospedale del Ceppo** offre en façade une frise typique de **Giovanni della Robbia**.

Prato★★

Le vaste **château** érigé par l'empereur Frédéric II de Hohenstaufen vous impressionnera par sa taille. Les églises sont tout aussi marquantes, en particulier **Santa Maria delle Carceri** et le **duomo★** : celui-ci est orné de fresques de **Filippo Lippi** et d'une élégante chaire extérieure destinée à la présentation de la Sainte Ceinture de la Vierge. Rien d'étonnant que la glorieuse relique de la ville soit une pièce de vêtement, puisque Prato est un important centre textile en laine et coton.

La petite église de Santa Maria della Spina, lovée dans une boucle de l'Arno.

San Gimignano★★★

San Gimignano dalle belle torri à son apogée était ceinte de trois murailles et coiffée de 79 tours. Ce «bouclier» fut nécessaire jusqu'à ce que l'**évêque Gimignano** parvienne à repousser les envahisseurs. La ville porte son nom en reconnaissance. Les tours de pierre s'érigeant au-dessus de ses deux **places★★** ont rendu la ville célèbre. On les doit aux grandes familles seigneuriales du 14e s.

C'est l'appauvrissement de San Gimignano qui a permis de conserver les 13 tours, seuls vestiges encore debout. En effet, les villes aisées détruisaient fréquemment ces édifices devenus inutiles. Ces tours ne se prêtaient pas facilement à l'habitat et étaient jointes au sommet par des ponts de bois et des chemins de ronde. La vue depuis celle surplombant la mairie est spectaculaire. On peut admirer la ville également

du haut des ruines de la **Rocca**.
La cathédrale dite **Collegiata** est un charmant édifice, dont les murs de la nef sont habillés de fresques expressives réalisées par **Bartolo di Fredi** (côté Nord) et **Barna da Siena** (côté Sud). On trouve aussi des fresques de **Ghirlandaio** dans la chapelle Santa Fina. San Gimignano constitue également un excellent point de départ pour découvrir la région.

Depuis le faîte d'une des tours de défense de San Gimignano, la vue sur la ville et sa campagne est imprenable et éblouissante.

Sansepolcro★ - Nord-Est d'Arezzo
Sansepolcro vit naître l'un des plus grands peintres du 15e s., **Piero della Francesca**, Au **Musée municipal★★** (Museo Civico), on peut admirer certaines de ses œuvres★★★ majeures telles la célèbre *Résurrection* et la *Vierge de Miséricorde*. La **cathédrale** aux tons ocre est ornée en façade d'une rosace. A l'intérieur, certaines statues en terre cuite émaillée, et le tabernacle cintré, richement décoré, sont de **Della Robbia**.

Siena★★★ (Sienne)
Ville médiévale féerique, Sienne a su préserver son allure passée. Ses étroites rues, parées de palais gothiques, épousent la courbe des trois collines sur lesquelles ondule la cité. Construite en Y, Sienne put se glorifier d'avoir vaincu les armées de Florence en 1260. Mais elle connut assez vite des revers, dont de douloureuses défaites contre sa rivale et la Grande Peste de 1348 qui mit un terme aux travaux d'agrandissement de la cathédrale. On peut se rendre compte de l'immensité du projet inachevé grâce aux vestiges prolongeant la face Sud.

Le tour des splendeurs de la ville aboutit toujours sur la spectaculaire **Piazza del Campo★★★**, où le **Palio** fait claquer ses bannières tous les 2 juillet et 16 août, lorsque dix des 17 *contrade* (quartiers) s'affrontent dans une course éclair à cheval après un somptueux défilé en costumes Renaissance. La place, pavée de briques, forme une conque agrémentée d'une grande fontaine, la **Fonte Gaia**. Les façades arquées qui la bordent rivalisent d'harmonie avec le gracieux **Palazzo Pubblico★★★** (mairie) ajouré de fenêtres gothiques trilobées. L'élégante **Torre del Mangia** s'élève sur le côté gauche du palais. Si vous gravissez ses 88 m, une vue époustouflante vous récompensera. Le Palazzo Pubblico se visite ne serait-ce que pour ses fresques du 14e s. des Lorenzetti et de Simone Martini. Dans la **salle de**

la Paix, l'évocation de la prospérité de la ville et de sa campagne est savoureuse.

La **Cathédrale**★★★ (Duomo) est enivrante de richesse ostentatoire. Zébrée de marbres noir et blanc dès l'extérieur (sans parler des sculptures de la façade), elle présente à l'intérieur un décor sans fin. Une file de bustes polychromes des Papes ornent la partie haute de la nef, tandis que le pavement est paré de 56 panneaux de marbres gravés et incrustés aux 15e et 16e s. par 40 artistes, évoquant des scènes mythologiques et bibliques. On admire aussi la superbe chaire de **Nicola Pisano** et la **Libreria Piccolomini**, bibliothèque de style Renaissance, ornée de fresques par **Pinturicchio**. Attenant au duomo, son Musée★★ (**Museo dell'Opera del Duomo**) expose des statues de **Pisano** ainsi que la célèbre *Maestà* de **Duccio**.

En contrebas se trouve le **Baptistère**★ (Battistero San Giovanni) aux magnifiques fonts baptismaux ornés de panneaux de bronze doré dont certains sculptés par **Donatello** et **Ghiberti**. La **Pinacoteca**★★★ offre un large éventail d'œuvres d'art siennoises du 13e au 16e s.

Les splendeurs de Sienne ne s'achèvent pas là. Il faut prendre le temps de flâner pour admirer les palais de la **Via di Città**★ et de la **Via Banchi di Sopra**★ (Palazzo Piccolomini, Chigi-Saracini et Tolomei), sans manquer la **Piazza Salimbeni**★.

Magistrale façade de la cathédrale de Sienne (Duomo di Santa Maria dell'Assunta), dentelles de marbres de couleur.

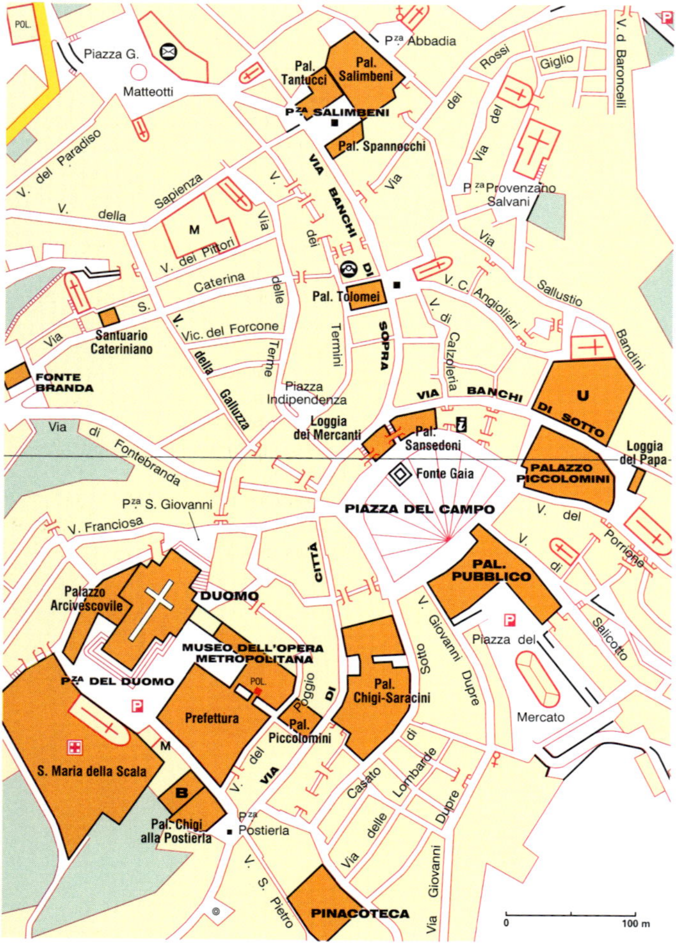

Plan de Siena.

Volterra★★

Perché sur une hauteur au cœur d'un **paysage★★** rude et fascinant, le vieux Volterra peut paraître austère. Il réserve en fait des surprises dès que l'on franchit sa porte étrusque, la **Porta all'Arco★**. Comptant parmi les plus puissantes cités d'Étrurie, la Velathri de l'époque était ceinte d'épaisses murailles et devait apparaître sombre et terrifiante.

La Volterra actuelle n'occupe qu'un tiers de la Velathri étrusque. La ville médiévale se resserre autour de la **Piazza dei Priori★★**. Le **Palazzo dei Priori** (mairie) porte les emblèmes de ses gouverneurs florentins. La **Cathédrale** (12e s.) possède un très beau plafond et une fresque de **Gozzoli**. Les fonts baptismaux du **baptistère** octogonal sont de **Sansovino**.

Les deux musées importants sont la **Pinacoteca** (galerie de photos) et le **Museo Etrusco Guarnacci★**, qui renferme plus de 600 urnes funéraires. On peut voir aussi le théâtre romain et la **Fortezza Medicea** du 15e s., sinistre forteresse médicéenne transformée aujourd'hui en prison.

MONTAGNES ET VILLES PERCHÉES

L'intérieur de la Toscane offre une géographie variée. Si les coteaux avoisinent la mer, ils se transforment vite, dans les terres, en régions vallonnées, voire montagneuses : pics élevés, collines isolées, promontoires solitaires, sans parler de certains paysages attestant d'une ancienne activité volcanique.

Ces reliefs constituaient d'efficaces postes de garde pour surveiller largement les environs. Pour leur sécurité, des villes s'y installèrent. Plus elles étaient hautes, plus elles pouvaient contrôler la campagne alentour et se défendre contre les assaillants, à une époque où chacune était en guerre avec sa voisine.

La Toscane possède de nombreuses villes perchées dont certaines, comme **Montalcino**★, restent pratiquement inchangées depuis le Moyen Age. Une fois que vous aurez gravi à grand-peine les routes abruptes qui les desservent, vous aurez vraiment l'impression de remonter le temps. A l'intérieur des enceintes médiévales, un entrelacs de rues, de petites places et d'escaliers vous attend, avec de hautes maisons astucieusement adaptées au manque d'espace.

La principale chaîne montagneuse de Toscane n'est qu'une partie de l'épine dorsale de l'Italie : les **Apennins**, qui marquent la frontière Est de la région. Les paysages y sont impressionnants et les routes étroites jusqu'à des cols de haute altitude. Ces sommets sont très appréciés pour les sports d'hiver, la marche, la grande randonnée ou l'escalade. Pour le ski, le **Monte Falco** (au Nord-Est) et le **Monte Amiata**★ (au Sud) sont bien équipés. De l'Amiata, on visite le **Monte Cetona**, important site préhistorique de l'âge du bronze, tandis que de **Stia**, à la source de l'Arno, partent des circuits pédestres pour le **Monte Falco** et le **Monte Falterona**.

Sa situation dominante et ses murailles du 16e s. protégeaient autrefois Colle di Val d'Elsa.

Construite sur des éminences rocheuses, les villes perchées offraient une vue dégagée sur vallées voisines, permettant ainsi de prévenir d'éventuelles attaques.

Surplombant la mer, le haut promontoire de l'**Argentario**★ offre de belles promenades surtout au printemps quand il se couvre de fleurs sauvages.

Ces ravins abrupts sont typiques des paysages des Alpes apuanes.

PLAGES ET VILLES COTIÈRES

La côte toscane est peu connue hors d'Italie, alors qu'elle égrène sur la Méditerranée des plages de sable fin et des stations balnéaires très variées. Sa partie Nord, une soixantaine de kilomètres jusqu'à Livourne, porte le nom de **Versilia**★ : c'est la **riviera toscane**. A l'autre extrémité, au Sud, le littoral de la **Maremme**, qui possède aussi quelques belles plages, comme **Marina di Alberese**.

La Versilia

Les huit stations de la Versilia ont été conçues selon la même idée directrice : une marina étayée d'hôtels, de restaurants et de cafés disposés selon un plan quadrillé adapté à la courbe du bord de mer. Les plages sont payantes pour certaines : les Italiens parlent alors de *stabilimenti*, qui mettent à votre disposition, moyennant un droit d'entrée,

Viareggio, station balnéaire très animée, offre un front de mer égayé de tout une suite de magasins, de restaurants et d'hôtels.

cabines de plage et transats. Les plages gratuites sont signalées par la simple mention *Spiaggia Pubblica*.

Viareggio★★★ est la plus grande et plus fréquentée des ces stations. Cette ville est dotée d'une immense plage adossée à des collines couvertes de pins ; elle propose de nombreuses activités et toutes les commodités modernes. **Forte dei Marmi**★★★, ancienne forteresse comme l'indique son nom, est une station plaisante et chic, munie d'une plage de sable bordée d'une pinède. **Marina di Carrara** est certes le port d'exportation du marbre, mais dispose aussi d'une plage, ainsi que la calme et élégante **Marina di Massa**. **Tirrenia** (au Sud), la plus chic de toutes, est située sur une zone protégée de la côte.

Sur fond de montagnes et de forêts, Forte dei Marmi offre une des plages les plus séduisantes.

Autres plages

Le choix des plages est vaste, et vous serez assuré de trouver celle qui vous convient le mieux. En voici une sélection pour vous mettre l'eau à la bouche. **Castiglioncello**★, ancienne ville perchée sur un promontoire, possède un musée intéressant. **Castiglione della Pescaia**★★, située dans les bois de la Maremme, avec son château espagnol et ses vieilles murailles, jouit de l'une des plus belles plages de la région. **Marina di Cecina**★ se niche au creux des pinèdes de l'embouchure de la Cecina, tandis que **Punta Ala**★★★ permet d'admirer l'île d'Elbe, et de «nager» dans le bonheur. **Quercianella**, charmante ville boisée, contraste avec **San Vincenzo**★, grande station balnéaire animée et bruyante. **Talamone**★★, située sur une pointe rocheuse près du parc national de la Maremme, s'ouvre sur le promontoire de l'Argentario, qui possède également de belles plages.

LES ÎLES

Pour ceux qui rêvent de vacances au naturel, les îles toscanes sont idéales. Rassemblées à quelques encablures de la côte Sud, elles sont plus ou moins touristiques ; certaines sont plutôt difficiles d'accès, les correspondances par bateau depuis la côte ou l'île d'Elbe étant quelque peu fantaisistes. L'**Elbe★★**, de loin la plus grande, offre une grande variété de possibilités. Le **promontoire de l'Argentario★** n'est quant à lui qu'une presqu'île, rattachée à la terre ferme par trois étroits bancs de sable.

L'île d'Elbe ne faillit pas à sa réputation et reste l'une des plus belles îles d'Italie

Entre la Toscane et la Corse, les autres îles sont plus petites mais très montagneuses. Vous pouvez les découvrir au cours de marches ou de véritables randonnées, mais aussi profiter de la mer pour vous baigner ou vous adonner à la plongée sous-marine.

Giglio★ est la plus grande de ces îles. Accessible par car-ferry, elle abrite des petites stations permettant de pratiquer la chasse sous-marine. La vie aquatique étant très riche, les restaurants de poisson ne manquent pas. L'île produit aussi son propre vin. Au Sud-Est, la petite île de **Giannutri★** possède une belle villa romaine. Un peu plus loin émerge l'île inhabitée de **Montecristo**, rendue célèbre par le roman de Dumas. C'est désormais un parc naturel dont la visite est organisée depuis l'île d'Elbe. Plus proches de cette dernière se trouvent **Pianosa** et **Capraia**. La première, d'origine volcanique, voit son ancien cratère transformé en lac, Il Laghero ; l'île abrite un établissement carcéral tout comme **Gorgona**, au large de Livourne. Capraia, «l'île aux chèvres», révèle des paysages spectaculaires. Avec son château et ses tours de garde (les histoires de pirates n'étaient pas que des légendes), elle attirera les aventuriers et les amoureux de la nature. A certains endroits, l'île reste difficile d'accès, surtout sur la côte Ouest encore très hostile, mais ailleurs elle se prête à la plongée, la planche à voile, la navigation ou la pêche.

LES VILLES D'EAU

La Toscane dispose d'un atout important pour tous ceux qui se préoccupent de leur santé : les thermes (*terme*, en italien). Visitez donc ses stations thermales et essayez quelques-uns des soins proposés, du bain de boue au massage. Surgissant de sources sulfureuses souterraines, ces eaux chaudes et riches en minéraux servent à divers types de «cures», allant du traitement médical, aux simples soins relaxants ou de remise en forme.

Ces villes d'eau, profitant généralement de décors verdoyants, ont souvent un petit charme désuet. **Montecatini★★★** est probablement la plus réputée et la plus fréquentée. Réunis dans les superbes jardins du **Parco delle Terme**, ses neuf établissements sont tous équipés de bains chauds. A moins de 5 km, **Monsummano Terme★** propose des bains de vapeur. Plus au Nord, les thermes de **Bagni di Lucca★** connus de très longue date pour leurs sources d'eaux chaudes et sulfureuses, auraient accueilli dès le 11e s. la comtesse Mathilde, qui régnait sur le Nord de la Toscane, sans parler plus tard de Montaigne, Shelley, Byron ou Heine. Les thermes de **Chianciano★★** (près de Montepulciano), aux eaux calciques et salines, sont dotés d'importants établissements d'une conception plus moderne. **Bagno Vignoni** et **Bagni San Filippo**, dans le val d'Orcia, sont renommés pour leurs eaux chaudes sulfureuses, tout comme **Terme di Saturnia★★** (déjà connue des Étrusques) qui propose une spécialité de cosmétologie thermale.

Près des thermes du 12e s. de Bagni di Lucca, le célèbre pont du Diable date aussi de la même époque.

VACANCES EN FAMILLE

Les Italiens adorent les enfants et les Toscans ne font pas exception. Où que vous alliez, vous verrez des bambins ostensiblement admirés et gâtés. Aussi, vous n'aurez aucun souci pour emmener les vôtres au restaurant ou dans un café : ils y seront toujours bien accueillis.

Les splendeurs artistiques des palais, cathédrales et autres musées se susciteront peut-être pas l'enthousiasme de vos enfants, mais la Toscane heureusement offre bien d'autres possibilités pour le bonheur de toute la famille.

Les plages et le bord de mer

La **Riviera toscane** offrent aux familles de larges plages, propres et sans danger. Le bord de mer présente de nombreux cafés, restaurants, hôtels et petites boutiques. Mais vous pourrez découvrir bien d'autres plages sur le reste du littoral.

Le parc naturel de la Maremme offre quelques-unes des plages les plus agréables de Toscane, avec du sable fin et des coins ombragés.

Les parcs à thème

Le **parc Pinocchio**★ à Collodi, ville natale de **Carlo Lorenzini** (l'auteur du célèbre conte), évoque par une série de sculptures l'histoire du petit pantin. Vous vous installerez sans problème pour pique-niquer ou profiterez des restaurants en terrasse.

Cela dit, la plupart des villes de Toscane disposent de parcs et aires de jeux où vos enfants pourront jouer avec les petits Italiens. Malgré la barrière de la langue, ils ne mettront pas longtemps à se comprendre.

Vos enfants pourront se reposer sur les marches d'une église, à l'instar de ceux-ci.

Parcs naturels

Le **parc de la Maremme★** est le plus sauvage et spacieux, et aussi le moins visité. Les enfants aimeront découvrir les *butteri* (les *gardians* italiens) rassemblant leurs troupeaux de bétail qui paissent en liberté. En août, ils donnent un spectacle à **Albarese**. La Maremme est également plaisante pour le vélo et la baignade. Sur le littoral Nord, le **parc naturel de Migliarino, S. Rossore e Massaciuccoli** permet de sauvegarder d'immenses pinèdes et la riche faune du lac de Massaciuccoli. Les montagnes ont aussi leurs parcs dans les **Alpes Apuanes** et les **forêts du Casentino** (au Nord de Poppi).

Festivals et fêtes locales

Les enfants, comme les adultes, adorent les spectacles colorés que la plupart des villes toscanes mettent en scène surtout en saison. Renseignez-vous auprès des offices de tourisme locaux. Le **Palio de Sienne** est certainement la plus célèbre manifestation traditionnelle, mais il en existe bien d'autres, du carnaval aux joutes médiévales. Quelle que soit l'importance du spectacle, l'enthousiasme des participants, les merveilleux costumes et l'excitation du public garantissent de bons moments à toute la famille. Les grandes **foires** sont l'occasion de fêtes, comme à Impruneta et Greve.

Autres distractions

Sant'Agata a un **musée des Automates** et **Massa Marittima**, un **musée de la Mine** (Museo della Mineria) aménagé dans d'anciennes galeries. **Poppi** et **Verginina** (près de Pistoia) possèdent chacun un zoo.

A VOIR EGALEMENT

Abbadia San Salvatore★
Charmante station de sports d'hiver sur le **Monte Amiata**. Son ancienne abbaye couronnée de tours était l'une des plus riches de Toscane. Sa crypte, sous le chœur, date du 8e s.

Abetone★ - près de Pistoia
Cette station de ski très fréquentée, située à proximité de l'Émilie-Romagne, se mue en été en lieu de villégiature pour randonneurs et alpinistes.

Anghiari - Nord-Est d'Arezzo
La tranquille petite ville d'Anghiari a laissé son nom à une bataille sanglante, peinte par **Léonard de Vinci** dans une fresque florentine disparue, qui opposait en 1440 Florentins et Milanais. Cette cité fortifiée s'élève au-dessus de la plaine du Tibre. Les collections du **musée du Palais Taglieschi★** sont intéressantes tout comme la façade du palais communal ornée de nombreuses armoiries.

Ansedonia★ - près d'Orbetello
Située au point le plus septentrional de la Toscane, sa fascinante ville romaine (**Cosa★**) fait l'objet de fouilles depuis 50 ans. Celles-ci ont fait apparaître une villa avec des mosaïques, un forum, des temples et un château ceint de murailles dont l'une des portes est toujours visible. L'ancienne acropole offre un beau panorama sur la lagune d'Orbetello. Ne manquez pas la soupe de poisson !

Arcidosso
Centre de villégiature, cette cité médiévale s'étage sur les flancs du Monte Amiata. Vous y verrez les ruines d'un château.

Artimino - Ouest de Florence
Occupée dès le 7e s. par une cité étrusque, la haute colline d'Artimino est coiffée par son village médiéval fortifié. A proximité, la **Pieve di San Leonardo** est une église romane construite en partie avec des pierres de la nécropole antique. Sur le promontoire faisant face au bourg, la **Villa Ferdinanda★** est hérissée de multiples cheminées et précédée d'un beau perron à double révolution. Artiminio produit un vin local très prisé.

Asciano - Sud-Est de Sienne
Dans cette petite ville fortifiée, on visite le **Museo d'arte sacra**, pour ses tableaux siennois, et l'église **San Bernardino**, qui a recueilli les pièces d'une nécropole étrusque voisine.

Barga - près de Lucca
Dans un site plaisant, cette ville aux ruelles étroites et pentues est couronnée par sa cathédrale romane au magnifique ambon du 12e s. et aux délicates sculptures.

Bibbiena - près d'Arezzo
Cette ancienne ville étrusque se niche au pied des montagnes, au Nord d'Arezzo, dans la vallée de l'Arno. Les **paysages du Casentino** sont très appréciés des Italiens et réputés à juste titre pour leur grande beauté. Le **salami** local mérite d'être goûté.

Bivigliano - Nord de Florence
Station offrant de belles vues, d'où l'on accède au Monte Senario, où fut fondée au 13e s. la maison mère de l'**ordre des Servites de Marie**.

Borgo San Lorenzo - Nord de Florence
Reconstruite après le tremblement de terre de 1919, la ville (dont l'église conserve son campanile hexagonal du 13e s.), servira de point de départ pour visiter la verdoyante région du **Mugello★**, connue aussi sous le nom Val di Sieve.

Brolio★★ - Nord-Est de Sienne
Son vaste château du 9e s. fut restauré par la **famille Ricasoli** 1 000 ans plus tard. Vous pourrez visiter cette austère bâtisse, dotée de jardins en terrasses et de sévères tours de briques, installée sur un terrain domaine.

Buonconvento - Sud de Sienne
Se distinguant grâce à ses trois

A Castellina in Chianti, la Via delle Volte, entièrement voûtée, était au 15e s. un chemin de ronde inhabituel.

portes majestueuses et ses remparts austères, ce joli village situé sur une voie romaine possède un **musée d'art sacré★**.

Calci - Est de Pise
Pinèdes et forêts de châtaigniers entourent Calci et sa petit église romane, construite dans le style pisan. Le campanile reste inachevé : à l'intérieur, des colonnes romaines supportent le toit. A proximité se trouve une **chartreuse★** (Certosa di Pisa) fondée au 14e s., dont les bâtiments des moines datent de différentes époques.

Campaldino - près de Poppi
Les Florentins y ont vaincu les armées d'Arezzo en 1289. Le site est marqué d'une colonne.

Capalbio - près d'Orbetello
Cette citadelle, fondée par Rome, domine la Maremme. Les restaurants y proposent un assortiment de gibier (sanglier, gibier d'eau et chevreuil) selon la saison. A 10 km se trouve la vaste nécropole de **Marsiliana**.

Caprese Michelangelo - Nord d'Arezzo
La **Casa del Podestà**, près du château, est la maison où vit le jour le peintre, sculpteur et poète **Michel-Ange**. Il fut baptisé dans l'église. Le musée présente des copies des œuvres de l'artiste.

Castellina in Chianti★ - Est de Poggibonsi
Dans ce village typique de la plus célèbre région viticole d'Italie, l'ancien château est le siège de l'Union des producteurs de Chianti. Contre les remparts une rue voûtée, la **via delle Volte★** permettait de faire le tour de la ville à cheval. Des fenêtres y furent percées au 16e s.

Castello★ - Nord-Ouest de Florence
On y admire plusieurs villas médicéennes, dont la **Villa di Castello** agrémentée d'un célèbre jardin du 16e s. qui se visite.

Castelnuovo Val di Cecina - près de Volterra
Petite ville solitaire, Castelnuovo offre de beaux édifices médiévaux et d'intéressants points de vue. Un peu plus loin, **Montecatini Val di Cecina** abrite le château des évêques de Volterra et rassemble dans son église romane des terres cuites émaillées des **Della Robbia**.

Castiglioncello★ - Sud de Livourne
Station balnéaire bien cotée, située sur une avancée habillée de pinèdes, Castiglioncello est d'origine étrusque (visiter le musée étrusque). Sa tour de garde florentine permettait de parer les attaques des pirates.

La cour du palais du gouverneur de Certaldo.

Castiglion Fiorentino - Sud d'Arezzo
Des remparts encerclent ce bourg caractérisé par les flèches altières de ses églises. Des armoiries décorent la place principale. On y trouve aussi un château et une **pinacothèque★**.

Castiglione della Pescaia★★ - près de Grosseto
Un château du 14e s. surplombe le port. De longues plages de sable et des pinèdes contribuent au charme de cette **station balnéaire**. Dans l'arrière-pays, on visite le site étrusque de **Vetulonia** *(voir p. 90)*.

Castiglione d'Orcia - Sud-Ouest de Pienza
Plusieurs localités suivent le cours de l'Orcia. Celle-ci est une ville perchée, aux murs bien préservées. Non loin de là, **Rocca d'Orcia** est un village ancien blotti contre une forteresse★ en ruine.

Cecina - Sud de Livourne
Ancienne escale des courriers romains sur la Via Aurelia, cette ville est née au 19e s. sur d'anciens marais. **Marina di Cecina★**, sa station balnéaire, étale sa longue plage de sable bordée de belles pinèdes.

Certaldo - Sud-Ouest de Florence
Cette localité romantique aux briques roses, bâtie sur un petit coteau, est la ville natale de **Boccace**. Il s'y retira et y mourut. Sa maison est aujourd'hui un musée. Réputée pour son vin, la commune s'étire, en contrebas, sur les rives de l'Elsa qui coule au fond d'une vallée boisée.

Certosa del Galluzzo★★
Cette **chartreuse** du 14e s., qui domine la route quittant Florence au Sud, abrite trois grands cloîtres et divers trésors, dont des fresques

de **Pontormo**. Elle est désormais occupée par des Cisterciens, qui fabriquent et vendent leur liqueur.

Cetona - Sud-Ouest de Chiusi
Le **Museo Civico** présente les vestiges attestant du peuplement du Mont Cetona (5 km au Sud-Ouest) du paléolithique à l'âge du bronze. Tout proche, un **monastère franciscain** abrite de belles fresques.

Colle di Val d'Elsa★ - près de San Gimignano
La ville s'étage sur deux niveaux, Colle Bassa et Colle Alta. On entre dans la ville haute, qui offre de superbes vues, par la **Porta Nuova**, qui perce les remparts médiévaux. Au cœur des rues bordées de palais Renaissance et maisons médiévales se dressent la **cathédrale** du 17e s. et l'église romane **Santa Maria**, très simple.

Collodi★★ - Ouest de Lucques
Carlo Lorenzini, le créateur de Pinocchio, adopta le nom de sa ville natale, Collodi comme pseudonyme. Des scènes de l'histoire du célèbre pantin de bois sont représentées dans le parc qui lui est dédié (**Parco di Pinocchio**). Allez visiter aussi la **Villa Garzoni★★** du 17e s., avec ses fontaines et ses jardins★★★ en terrasses. Collodi est également renommée pour sa *torta* (gâteau).

Comeana - Ouest de Florence
A côté de la ville, **tombeaux étrusques** du 7e s. av. J.-C., dont un monumental tumulus.

Empoli - Ouest de Florence
La collégiale **Sant'Andrea** est de style roman florentin (comme San Mianito à Florence). Sa façade en marbre vert et blanc est saisissante de beauté. Le **Musée de la Collégiale★** est intéressant. La verrerie est la principale industrie de la ville.

Gaiole - Nord de Sienne
Localité réputée pour son Chianti. Église du 14e s.

Gargonza - Ouest de Sienne
Banni de Florence, **Dante** trouva refuge dans ce bourg fortifié.

Greve★ - Sud de Florence
Célèbre pour son Chianti Classico, Greve est doté d'une place en forme d'entonnoir, entourée d'arcades et d'échoppes : la **Piazza Matteotti**. Un monument a été érigé à la mémoire de **Giovanni da Verazzano**, qui explora la côte Nord de l'Amérique au 16e s.
La fête du vin, en septembre, est très animée.

Impruneta - Sud de Florence
Outre le vin, la spécialité de la ville est depuis toujours la terre cuite. Aussi vous trouverez de tout : des simples tuiles jusqu'aux statues en passant par de splendides pots de fleurs de toute taille et décors

variés. Sur les étals, les chapeaux de paille sont aussi de fabrication locale. En octobre, une foire aux chevaux se tient sur la place centrale.

La Verna★ - près de Bibbiena
C'est ici, sur un rocher dominant la région du **Casentino**, que **saint François d'Assise** reçut les stigmates de la Passion en 1224. La Verna est aujourd'hui un lieu de pèlerinage. Saint François y bâtit aussi un monastère qui regroupe de nos jours plusieurs édifices de styles plus récents.

Magliano in Toscana - Nord-Est d'Orbetello
Cette citadelle fortifiée située sur la **Via Aurelia** était à l'origine une cité étrusque (une nécropole se trouve

Depuis Massa Marittima, la vue s'étend jusqu'à la mer.

plus au Sud). Elle a conservé ses portes du 16e s. Deux églises méritent d'être visitées : **San Martino** (style roman) et **San Giovanni Battista** (façade Renaissance).

Massa - près de Carrare
Blottie entre les Alpes apuanes et la mer, Massa attire les touristes avec son château, son délicieux palais ducal (17e s., **Palazzo Cybo Malaspina**) et sa plage protégée par les collines environnantes (**Marina di Massa**). Les plats locaux sont à base de légumes frais.

Massa Marittima★★ - Nord de Grosseto
C'était jadis le centre le plus important de la **Maremme**, grâce à ses mines d'argent, de cuivre et de fer déjà exploitées par les Étrusques et les Romains. Le **musée de la Mine** (Museo della Mineria) vaut le détour. La ville, qui habille une haute colline, comprend une **cathédrale**★★ splendide et un campanile très fin, ainsi que de nombreux trésors, à l'instar du solide Palais du Podestat crénelé et de la forteresse du 14e s. qui divise la ville en deux parties.

Meleto★ - Sud de Gaiole
Bien que fermé au public, un beau château du 11e s. subsiste. A proximité, le village de **Radda in Chianti,** célèbre pour son vin, possède également un castel.

Montalcino★ - Sud de Sienne
Ancienne citadelle accrochée au flanc d'une colline, ce village fut souvent un enjeu entre Florence et Sienne, qui le détruisit en 1260. Outre ses églises et son **palais communal**★, on visite son impressionnante **forteresse**★★ (Rocca). Mais la renommée de Montalcino lui vient surtout de son grand cru, le **Brunello**.
10 km au Sud, un petit vallon sert d'écrin à l'**abbaye de Sant'Antimo**★★, superbe édifice en pierre dorée du 12e s., inspiré du roman bourguignon. Si vous ne devez visiter qu'une seule «église de campagne», que ce soit celle-ci !

Monte Argentario★ (promontoire de l'Argentario)
Bien que rattaché au continent par des routes depuis Orbetello et Ansedonia, ce mont de 655 m reste une île. Un itinéraire côtier relie les stations balnéaires réputées de **Port'Ercole**★★ et de **Porto Santo Stefano**★★, d'où partent bateaux et ferries vers les autres îles toscanes. Essayez les plats de poisson, comme le *fritto misto di mare* ou le *cacciucco*, bouillabaisse toscane au goût relevé.

Monte Oliveto Maggiore★★ - près de Sienne
Bâtie en 1319, cette immense abbaye, toute en brique rose, est la maison mère de l'**ordre des**

Toute dorée l'église de Sant'Antimo se blottit au creux des collines qui entourent Montalcino.

Olivétains. Dans le cloître, fresques de Signorelli et Sodoma.

Monte Amiata
Cet ancien volcan (dont les minerais - y compris le mercure - sont toujours exploités) est le plus haut sommet du Sud de la région, aménagé en domaine skiable.

Monterchi - Est d'Arezzo
Cette ville, en partie entourée de remparts, détient un rare trésor (d'ailleurs rarement visible) : l'une des Madonnes de **Piero della Francesca**, exposée dans un musée spécialement conçu pour elle.

Monteriggioni★★ - Nord-Est de Sienne
Couronnant majestueusement une gracieuse colline, ce village doit sa beauté à la claire silhouette de son mur d'enceinte hérissé de quatorze tours. Avant-poste siennois tourné vers Florence, il offre aujourd'hui de splendides vues sur la campagne et d'excellents restaurants.

Monte San Savino - Sud-Ouest d'Arezzo
De grands artistes comme **Sansovino** (né ici) ou **Sangallo l'Ancien** participèrent à l'édification de plusieurs bâtiments de cette ville, dont la spécialité est la majolique.

Montevarchi - Ouest d'Arezzo
A l'ombre de son château, cette vieille ville qui a beaucoup changé conserve de belles arcades, son

église **San Lorenzo**, ainsi que des fossiles du Val d'Arno exposés à l'**Accademia**.

Monticchiello - près de Pienza
Ce joli petit bourg entouré de remparts, avec une église ornée d'une belle rosace, organise un festival de théâtre en été.

Orbetello - Sud de Grosseto
La ville se rassemble sur la bande de terre centrale reliant l'Argentario au littoral. On y voit des fortifications siennoises et espagnoles, et une **cathédrale** construite sur un temple étrusco-romain et précédée d'une façade de style gothique tardif. Vous pourrez déguster les produits de la mer, notamment des anguilles.

Pescia - Nord-Est de Lucques
Un grand marché aux fleurs s'y tient chaque jour (vente au public de 9 h à 12 h). La ville construite à cheval sur une rivière organise une biennale des fleurs fort réputée. Des architectures de divers styles cohabitent. Essayez la spécialité d'asperges et de haricots et un ragoût original, le *cioncia*.

Piancastagnaio - près d'Abbadia San Salvatore
Des tours carrées austères soulignent la **Rocca**, transformée en un musée d'armurerie.

Pienza★★
Petite ville installé le long d'un promontoire surplombant le splendide Val d'Orcia, Pienza déroule ses ruelles de part et d'autre de la **Piazza Pio II★★** où se dressent en parfaite harmonie la **cathédrale★** face au palais public et le **Palais Piccolomini★** (et son charmant puits) face à l'évêché. Le pape Pie II Piccolomini, grand humaniste, réorganisa sa ville natale au 15e s. pour tenter de recréer la cité idéale.

Pietrasanta★ - Nord de Viareggio
Dans ce lieu de rencontre des sculpteurs, on travaille le marbre et l'onyx. La cathédrale, de différents styles, contient des sculptures et un mobilier en marbre. On peut aussi y voir les ruines d'une forteresse.

Pitigliano★ - Est de Grosseto
Le site pittoresque de Pitigliano, au faîte d'un éperon volcanique, fut d'abord occupé par les Étrusques (qui creusèrent leurs tombes dans la paroi rocheuse), puis conquis par les Romains. Le campanile faisait jadis partie des fortifications. Le **Palazzo Orsini** (14e s.) possède une jolie cour. La synagogue est la plus ancienne d'Italie.

Poggibonsi
Cette ville qui s'étend le long du val d'Elsa présente l'atout d'être un excellent point de départ pour visiter le Chianti et goûter ses vins. Malgré les dommages subis lors de la Seconde Guerre mondiale, elle a

Le Monte Argentario est rattaché à la terre ferme par trois fines langues de terre.

su s'imposer comme centre du vin. Elle vit à l'ombre d'une forteresse inachevée.

Poggio a Caiano - Ouest de Florence
La ville est connue pour sa majestueuse **villa médicéenne**★★ du 15e s. Bâtie par Sangallo pour Laurent le Magnifique comme résidence secondaire, elle est ornée de fresques de Del Sarto, Franciabigio et Pontormo.

Pontassieve - Est de Florence
Entouré de vignobles, ce centre viticole organise chaque année en mai une foire très animée.

Pontremoli - Nord de La Spezia
C'est la dernière ville au Nord de la **Lunigiana** : cette région, au relief très boisé, forme une protubérance au Nord-Ouest de la Toscane en suivant la vallée de la Magra. En raison de sa position stratégique, elle fit souvent l'objet de batailles entre Florence et Gênes.
Son château, haut perché, abrite un intéressant **Musée de statues-stèles**. Les autres monuments sont variés : cathédrale baroque, église rococo et campanile roman.

Popiglio - près de Pistoia
Depuis le village voisin de **Piteglio**, on obtient une superbe vue sur cette localité, avec son église et son pont anciens.

Poppi★ - Nord d'Arezzo
Du haut des collines du Casentino, Poppi domine le paysage viticole de la vallée de l'Arno. Un fier **château★** crénelé coiffé d'une haute tour et les arcades de la Via Cavour sont à voir. 15 km au Nord on visite le couvent de **Camaldoli★★**, maison mère des Camaldules (11e s.).

Populonia★ - près de Piombino
Les gisements de fer de l'île d'Elbe toute proche firent la richesse des Étrusques. Le minerai était transformé dans ce port. Face à la mer, la nécropole étrusque aux remarquables tombes et son musée restent en contrebas de la ville haute aux solides tours à merlons de style pisan du 14e s.

Pratolino★ - Nord de Florence
Jadis renommée pour ses jardins somptueux, la **villa** de Pratolino a perdu son allure d'origine, hormis une impressionnante statue de **Giambologna**.

Radicofani★ - Sud de Chiusi
Perchée sur un haut promontoire, la forterresse du 13e s. s'impose à tout le paysage par sa puissante tour.

Roselle - Nord-Est de Grosseto

La jolie place tranquille du petit village perché de Monteriggioni.

Les ruines de la ville antique (*Scavi*) présentent de longs **remparts étrusques** percés de portes, ainsi que des **vestiges romains** : amphithéâtre, habitations et forum.

San Giovanni Valdarno - Ouest d'Arezzo
Le grand peintre **Masaccio** y est né. Sur la **Piazza Masaccio**, une église à arcades, **San Lorenzo**, est ornée des premières fresques de l'artiste et renferme une galerie d'art où sont exposées des terres cuites de **Della Robbia**.

San Miniato★ - Entre Pise et Florence
Surplombant l'Arno, l'**esplanade du château★** est dominée par une haute tour de brique détruite lors de la dernière guerre et refaite à l'identique (belle vue). La **cathédrale** romane du 12ᵉ s. a pour campanile une tour du château qui lui est antérieure ; elle est flanquée d'un musée d'art sacré. En août se tient un cycle de théâtre sacré et spirituel.

San Quirico d'Orcia★
Cette citadelle présente une belle collégiale★★ ornée de deux portails sculptés du 12ᵉ s.

San Romano - Ouest de Miniato
Cette ville est surtout connue pour la bataille qui opposa Florentins et Siennois. Uccello l'illustra par trois peintures. Ces tableaux sont aujourd'hui dispersés entre les Offices à Florence, le Louvre et la National Gallery de Londres.

Sant'Andrea in Percusina - Sud de Florence
C'est ici que **Machiavel**, banni de Florence, écrivit *Le Prince*, son œuvre majeure. Sa demeure est aujoud'hui un restaurant.

San Vincenzo★ - Sud-Ouest de Volterra
Cette station balnéaire très animée offre de nombreuses attractions et une vie nocturne appréciée des jeunes touristes. Sa grande **plage** de sable fait face à l'île d'Elbe. A proximité, vous pourrez visiter une **tour romaine** et des **ruines étrusques**. Essayez les spécialités de poissons et de crustacés, comme les seiches et le *fritto misto* (friture).

Sarteano - près de Chiusi
D'origine étrusque, Sarteano possède des **piscines d'eau minérale**, une **forteresse** du 11ᵉ s. remaniée au 15ᵉ s.

Scarperia★ - Nord de Florence
Scarperia est une ville du Mugello connue pour son fer forgé et sa coutellerie. Son **Palazzo Pretorio★★** (1306) est une copie du Palazzo Vecchio de Florence. Aux environs le **Bosco ai Frati** est un charmant couvent franciscain reconstruit par Michelozzo au début du 15ᵉ s.

Sesto Fiorentino - près de Prato
La famille Ginori y fonda en 1735 une manufacture de **porcelaine**. L'usine (jadis à Doccia) a ouvert un **Musée de la porcelaine★**.

Settignano★ - Est de Florence
Située dans la banlieue florentine, cette ville est célèbre pour avoir vu naître de nombreux artistes. **Michel-Ange** y a grandi, l'actrice **Eleonora Duse** y a vécu avec **D'Annunzio**. Le critique d'art

Paysage du Val d'Orcia doré par le soleil avec Pienza à l'arrière-plan.

Bernard Berenson y a également séjourné. Sa Villa Tatti appartient maintenant à l'université de Harvard. A proximité se trouve la **Villa Gamberaia★**, majestueuse bâtisse du 16e s. aux parterres originaux.

Sorano - près de Sovana
Ce bourg très ramassé est constitué de hauts édifices dont un **château** du 15e s., posé sur un rocher. Les falaises sont percées de **tombeaux étrusques**.

Sovana★ - Nord de Pitigliano
Cité isolée, Sovana a été récemment restaurée de façon importante. Ce fut une ville assez puissante jusqu'au 13e s., comme en témoignent les ruines de son château, les palais et la cathédrale finement sculptée, de style roman-gothique. **Santa Maria★** renferme également un ciborium du 9e s. A quelques kilomètres se trouve l'antique cité de **Saturnia** et plusieurs **sépultures étrusques**.

Staggia - Sud de Poggibonsi
Ce village médiéval de montagne possède un chateau coiffé de trois tours.

Stia - Nord d'Arezzo
Cette ville de la haute vallée de l'Arno possède une église du 12e s. ornée de terre cuite de **Della Robbia**.

Torre del Lago Puccini - près de Viareggio
La villa de **Puccini** située au bord du lac de Massaciucoli se visite. C'est ici qu'il a conçu tous ses opéras à l'exception de *Turandot*. Compositeur créatif, Puccini n'en était pas moins un fervent chasseur et ses fusils sont exposés parmi ses souvenirs d'opéra. Il est enterré

avec sa femme dans la chapelle. La ville donne ses opéras en été.

Vallombrosa - Ouest de Florence
Ce lieu de séjour est renommé pour son splendide monastère. Comme **Saltino**, sa voisine, il offre de bons restaurants et d'agréables promenades en forêt.

Vespignano - près de Borgo San Lorenzo
C'est ici qu'est né **Giotto**, père fondateur de la peinture réaliste.

Vetulonia★ - Nord de Grosseto
Cette cité maritime, fouillée depuis plus d'un siècle, était un **site étrusque** important, comme l'attestent les vestiges et la très ancienne nécropole des environs (tombes de 700 ans av. J.-C.). Les Romains y gagnèrent une bataille en 224 av. J.-C. dont ils gardèrent les symboles de la toge et du *fascio*.

Vicchio - Sud-Est de Borgo San Lorenzo
Avec son petit musée d'art, Vicchio est célèbre pour avoir vu naître **Fra Angelico** et accueilli **Benvenuto Cellini.**

Vicopisano - Est de Pise
Juché sur une petite colline non loin du **Monte Pisano**, ce village possède une forteresse munie de tours, rénovée par **Brunelleschi**, et une église romane du 11ᵉ s.

Villa Medici - près de Fiesole
Ce palais de villégiature de **Michel-Ange**, avec vue sur Florence, a donné le ton à l'architecture de la Renaissance.

Vinci - Nord d'Empoli
On trouve ici les maquettes des inventions et reproductions des dessins de **Léonard de Vinci**, né tout près, à **Anchiano**. Outre le **Museo Vincianio**, le **château Guidi** mérite le coup d'œil.

VIVRE LA TOSCANE

Le climat

La Toscane jouit d'un climat continental, avec des étés chauds, parfois très humides, et des hivers très frais mais supportables. Le niveau des précipitations est assez bas et vous êtes assuré de bénéficier en été de longues journées ensoleillées.

Pour ce qui est du ski, la neige tombe généralement en assez grande quantité sur les montagnes, tandis que le soleil brille au-dessus des nuages ; cela n'est toutefois pas toujours vrai pour les villes situées en moyenne altitude. Les températures peuvent changer du tout au tout lorsque vous vous enfoncez dans l'arrière-pays, et chuter très bas en haute montagne et dans les vallées élevées.

En été, c'est le phénomène inverse. A l'intérieur des terres, les journées sont plus chaudes et moins agréables. Il fait souvent un peu plus frais en altitude, mais, dans les régions peu élevées, et surtout dans les vallées ou les villes, la chaleur est parfois éprouvante. Près de la côte, une brise vous rafraîchira notamment le soir.

Pour visiter les villes et sillonner la région en voiture, le printemps et l'automne sont les saisons les plus agréables.

Calendrier des manifestations

La plupart des festivals et reconstitutions historiques se tiennent durant l'été, sinon au printemps. Vérifiez les dates et horaires précis auprès de l'Office de tourisme italien. De nombreuses villes ont des marchés locaux parfois assortis de brocantes et marchés aux puces. Les foires et salons commerciaux (chevaux, bestiaux, vins, fruits...) méritent aussi d'être vus. Consultez la presse locale ou regardez les affiches pour repérer ces événements. La fin des vendanges donne également lieu à de nombreuses réjouissances. Vous tomberez aussi comme autrefois sur des foires ou des cirques ambulants.

Voici quelques-unes des principales manifestations annuelles :

Arezzo Un festival de chant y a lieu fin août. Fin août/début septembre se tient un tournoi médiéval (*Joutes du Sarrasin*), où les chevaliers des quatre quartiers de la ville s'attaquent à un mannequin protégé par un bouclier. Le premier week-end de chaque mois, la Piazza Grande accueille une foire à la brocante.

Barga Cette ville située au Nord de la Toscane organise un festival d'opéra en juillet.

Bibbiena Au printemps a lieu un carnaval avec un bal célèbre, le *Bello Ballo.*

Cortone A la fin août s'ouvre un important salon des antiquaires qui dure un mois.

Fiesole Les spectacles d'été et les opéras sont donnés dans l'amphithéâtre romain, notamment les festivals de musique, de théâtre et de cinéma qui ont lieu en juin et juillet.

Florence De nombreuses manifestations sont organisées tout au long de l'année (brocante, mode, foires commerciales, expositions artistiques, marchés de toutes sortes). Pour le *Scoppio del Carro* (le dimanche de Pâques), un char explose sur la Piazza del Duomo en commémoration des premières croisades. Le *Calcio Storico* oppose dans des parties de football des équipes habillées en costume du 16e s ; à la fin des rencontres, le 24 juin, un feu d'artifice est tiré. La *Festa della Rificolona* mêle folklore et concerts le 7 septembre. Le Festival de musique de Mai (*Maggio Musicale*) présente des concerts, des ballets et des opéras (de mai à juillet).

Impruneta Une foire aux chevaux, aux mules et aux vins, la *Fiera di San Luca,* se tient le dernier dimanche de septembre.

Lari La fête de la cerise se tient en mai, suivie par celle de la pêche en août.

Lucques La ville natale de Puccini et Boccherini

Au Calcio de Florence, les parties de football, jouées en costume médiéval, offrent toujours un spectacle énergique et haut en couleurs.

honore ses grands hommes par un festival de musique qui se déroule, l'été, dans ses églises. Un autre festival se tient à proximité, à Villa Reale. La Luminara di Santa Croce est une procession nocturne au cours de laquelle le Volto Santo (crucifix miraculeux) déambule à travers la ville (13 septembre). Le troisième week-end de chaque mois se tient une foire à la brocante.

Massa Marittima Le troisième dimanche de mai et le second du mois d'août, le *Balestro del Girifalco* voit évoluer les lanceurs de drapeaux déguisés en costumes médiévaux et s'affronter les arbalétriers dans un concours de tir sur cibles artificielles.

Montepulciano Aucune ville de cette taille n'organise autant de manifestations que Montepulcino. Les foires de mai et les expositions d'art moderne qui ont lieu fin septembre/début octobre valent particulièrement le détour. La *Cantiere Internazionale d'Arte* organise dans le Teatro Poliziano des spectacles de musique moderne et des opéras (les deux premières semaines d'août). Le *Bruscello* fait revivre en costumes d'époque l'histoire de la ville (mi-août). Le dernier dimanche d'août, le *Bravio delle Botti*, spectacle du 14e s., met en scène les hommes des huit quartiers de la ville qui s'affrontent dans une course aux tonneaux suivie d'un immense banquet sur la grande place. En outre, cette ville produit un très bon vin.

Montichiello Juillet y accueille un festival de théâtre.

Pelago Dans cette ville du Mugello, un festival de spectacles de rue se tient tous les ans en juillet.

Piancastagnaio La foire de novembre clôture la récolte des châtaignes.

Pietrasanta Chaque été, pendant deux mois, sculpteurs et artisans exposent leurs travaux, effectués le plus souvent dans le marbre.

Pise Les 16 et 17 juin, la *Luminara di San Ranieri* illumine les quais, l'Arno et les églises de mille feux. Des jeux costumés sont organisés le dernier dimanche de juin (*Giocco del Ponte*).

Pistoia Des joutes médiévales (*Giostra dell'Orso*) se tiennent le 25 juillet. Les cavaliers de chaque quartier de la ville tentent de renverser des mannequins en forme d'ours.

Pontassieve Ce centre viticole fête le Chianti tous les mois de mai.

Prato Le 8 septembre est la date d'une grande procession et, le même mois, se tient la foire de Prato. La Sainte Ceinture est présentée aux fidèles les 1er mai, 15 août et 8 septembre, ainsi qu'à Noël.

San Miniato Des représentations théâtrales à caractère spirituel ont lieu chaque été à la fin août.

Le Palio, la fameuse course de chevaux de Sienne, se tient deux fois par an.

Sansepolcro La *balestra* est une arbalète et le deuxième dimanche de septembre, lors du *Palio della Balestra*, les habitants revêtent des costumes traditionnels et font montre de leur adresse au tir dans un tournoi contre la ville rivale, Gubbio. Un spectacle de lanceurs de drapeaux a également lieu. En août sont organisées une foire artisanale et une foire gastronomique. Le carnaval y est aussi célébré avant la période du Carême.

Sienne Le Palio (les 2 juillet et 16 août) consiste en une course de chevaux opposant des cavaliers venus de dix des dix-sept quartiers de la ville. Ces derniers font trois fois le tour de la Piazza del Campo. C'est une fête certes onéreuse, mais très animée et à laquelle il faut essayer d'assister. Août accueille également un festival de musique. Les saints sont fêtés en mars, novembre et décembre.

Torre del Lago Puccini Les opéras de Puccini y sont donnés une fois par an, en août, dans sa villa au bord du lac.

Torrita di Siena Le *Palio dei Somari,* avec course de

mules et concours de lanceurs de drapeaux, se tient chaque troisième dimanche de mars.

Viareggio Un énorme carnaval a lieu chaque année en février et attire les touristes hors saison dans cette grande station balnéaire. La fête dure près de trois semaines, avec des défilés de chars allégoriques chaque dimanche.

Les plaisirs de la table

Si vous êtes amateurs de produits succulents et sains, la Toscane est la région qu'il vous faut. La nourriture y est simple, mais délicieuse et variée, que vous optiez pour un repas au restaurant ou un pique-nique avec des produits locaux : salami, jambon ou légumes frais.

La palette des vins régionaux est étendue.

Les **fruits de mer**, notamment près de Livourne connue pour sa bouillabaisse (le *cacciucco livornese*), sont extrêmement variés. Des anguilles à la petite friture (le *fritto misto*), vous trouverez votre bonheur. Osez des mets comme la morue salée préparée dans une épaisse sauce, les ragoûts de poissons ou les seiches. Vous pourrez aussi manger toutes sortes de poissons frais dans l'arrière-pays, mais leur prix est toujours plus élevé.

Les mets toscans sauront satisfaire tous les palais : des soupes épaisses et nourrissantes (essayez la *ribollita*) souvent épaissies de pain, aux plats de pâtes ou de riz savamment accommodés, en passant par les crustacés froids et les salades composées, les poulets au grill ou le sanglier, les jambons et les tripes.

La Toscane est connue pour sa savoureuse cuisine et ses excellents vins.

La région est aussi connue pour son **bœuf du Val di Chiana** à la viande fine. Cette race blanche de bovins fournit une chair très prisée en Italie. Offrez-vous una *Bistecca alla Fiorentina*, tranche de bœuf épaisse grillée au charbon de bois ou sur des sarments de vigne.

N'oubliez pas que les **pâtes**, aussi appétissantes soient-elles, ne constituent souvent en Italie qu'un premier plat. N'en abusez donc pas ! Goûtez-les, garnies à la ricotta ou agrémentées d'une sauce au lièvre. La *bruschetta* est également nourrissante (pain grillé frotté à l'ail et généreusement nappé d'huile d'olive). Les entrées peuvent être très imaginatives : fleurs de courgettes frites, ou salade à la ricotta, à l'avocat et aux tomates, appelée la *tricolore*. Les haricots blancs, les câpres, le chou, les pommes de terre et les tomates figurent souvent au menu, servant de base à une sauce. Vous trouverez aussi les spécialités d'autres provinces italiennes : les **Parmesans** et le **jambon de Parme**, venus de l'Émilie-Romagne, ou les **pizzas** napolitaines.
Les **desserts** ne sont guère diversifiés, mais il en

Si vous cuisinez ou préparez vos propres pique-niques, vous trouverez d'excellents fruits et légumes, généralement des produits régionaux.

existe un certain nombre à base de châtaignes, de raisins et d'œufs. Sienne est connue pour son *panforte*, un gâteau riche composé d'amandes, de fruits confits et de miel. Les **glaces** y sont succulentes et toute **gelateria** qui se respecte fabrique les siennes.

La Toscane a beaucoup de produits fins à son actif. La meilleure **huile d'olive**, d'un vert mordoré, est pressée aux alentours de Lucques ; excellente pour la santé, elle relève également l'arôme des mets. Les fruits et légumes sont de très belle qualité. Lorsque c'est la saison, les champignons sauvages, particulièrement les **porcini**, sont exquis. Notez aussi quelques rares fromages, dont la **ricotta** et le **pecorino**. Prenez votre temps pour manger, à l'intérieur comme en plein air. S'attabler par une chaude soirée à une terrasse de restaurant, avec en bruit de fond le carillon des églises, voilà un souvenir qui restera gravé dans votre esprit.

Soyez attentif à ce sigle, c'est celui du Chianti Classico.

Vins, spiritueux et grappa

La Toscane produit des vins très prisés. Aux rouges, blancs ou rosés viennent s'ajouter des vins cuits relevés - l'**Aleatico**, de l'île d'Elbe est, lui, un vin doux. Les raisins sucrés de la fin de l'automne donnent naissance à des vins liquoreux utilisés pour les desserts.

Vous êtes, bien sûr, dans la région du **Chianti** et vous suivrez facilement le circuit bien indiqué qui sillonne les collines ondulantes des vignobles. Remontant vers le Nord-Ouest entre Sienne et Florence, voici la Route du Chianti, largement recommandée tant pour ses nombreux crus que pour le charme de ses paysages ruraux. Vous remarquerez nombre de sigles représentant un coq noir ou un cupidon rondelet : le **Gallo Nero** et le **Putto** sont en effet deux labels indiquant les meilleurs vins de la région.

La période de l'année la plus active, et qui ne se prête pas aux visites, est celle des vendanges et du pressage, en automne. Pendant le reste de l'année, vous serez les bienvenus et beaucoup de propriétés vous laisseront entrer et acheter du vin sur place. Veillez simplement à ce que l'un de vous puisse conduire en toute sécurité et prenez votre temps. Les Toscans ne sont pas du genre à se presser lorsqu'ils abordent une affaire aussi importante que celle du vin.

Nombreuses sont les localités viticoles et on peut dire que la Toscane est vraiment la région du vin. Près de Lucques, on produit surtout du vin rouge alors qu'à Pitigliano, Bolgheri et Val d'Arbia, l'accent est mis sur le vin blanc. Les grands crus, comme le **Brunello di Montalcino** et le **Nobile di Montepulciano**, valent vraiment la

peine d'être savourés. Essayez aussi le fameux blanc de San Gimignano, le **Vernaccia**. Mais, attention, ces vins ne sont jamais bon marché ! Osez goûter la production locale des petits villages, notamment ceux d'Artimino et de Carmignano. Les vins moins sophistiqués seront peut-être plus ronds, plus épais et auront plus de corps ; mais, même s'ils ne franchissent pas toujours les frontières, ils sont vraiment délicieux.

Autres boissons

Vous pourrez acheter de bonnes bières dans les supermarchés et les magasins, ainsi que de l'eau minérale gazeuse (*gasata*) ou plate. Les sirops et jus de fruits sont aussi légion. Il existe de nombreux digestifs, **grappa** et autres **liqueurs**, souvent fabriqués dans les monastères. Dans la campagne du Chianti, vous pourrez déjeuner en plein air, et goûter aux liqueurs, présentées dans de belles bouteilles en verre renfermant les herbes dont elles sont extraites. Cela apportera une touche d'exotisme à votre repas.

Vous aurez souvent l'occasion de tester les vins avant de les acheter.

Shopping

Pour ceux qui aiment faire des achats en voyage, la Toscane est un paradis. Elle propose un large éventail d'articles sophistiqués qui s'achètent dans des grands magasins ou dans les boutiques dont certaines sont restées vieillottes à souhait.

L'Italie excelle dans la fabrication de vêtements en **cuir**, **soie** et **laine**. Pensez aussi à regarder du côté des **chaussures** ; il y en a pour tous les goûts et toutes les saisons. Tout ce qui se vend ici est de la dernière mode, de la superbe robe griffée aux mocassins pour enfants, en passant par les chaussures de sport dernier cri ; les stylistes sont parmi les meilleurs au monde.

Les **bijoux** sont par ailleurs de véritables merveilles. Cuivre, argent et or sont utilisés pour les **sculptures** et les **reproductions** qui reflètent le goût des Toscans pour le classique et pour des formes d'art plus originales. Pour vous faire une idée de ces nouveaux design, il vous suffira d'aller voir les magasins chic qui proposent tout ce qui se fait de mieux en la matière. Les boutiques et galeries, souvent situées dans des ruelles, présentent des créations originales que vous serez certain de ne retrouver nulle part ailleurs, une fois rentré chez vous.

Les **antiquités** coûtent généralement cher, mais certains magasins de brocante sont prêts à négocier. Chaque ville a souvent sa spécialité : peinture, antiquités, livres rares ou manuscrits. A Volterra, vous trouverez plutôt les objets en

La Toscane est très réputée pour ses articles de cuir et ses chaussures de haute qualité.

albâtre, à Impruneta, les **terres cuites** et les **tuiles** (vous trouverez aussi des **chapeaux de paille**). A Monte San Savino, vous achèterez de la vaisselle en **majolique**. Pietrasanta est plus connue pour ses **marbres** et ses **onyx** et Sesto Fiorentino pour sa porcelaine fine. Pour le verre, allez faire un tour à Colle di Val d'Elsa, alors que pour le **fer forgé** et la **coutellerie**, il faut se rendre à Scarperia. Vous pourrez acheter des **produits alimentaires** locaux partout, mais assurez-vous que vous êtes autorisé à les ramener dans votre pays. Vous n'avez généralement rien à craindre pour les produits secs et pour les conserves. N'oubliez pas non plus de jeter un œil sur les **savons**, les **parfums** et les **huiles**, ainsi que sur les **lunettes de soleil** de marque et les **appareils-photos**.
Si les boutiques spécialisées sont excellentes, les grands magasins (ou les chaînes comme **Upim**) ne sont pas à négliger pour autant : leurs prix

De nombreux cafés en terrasse vous permettront de vous rafraîchir entre deux achats.

sont imbattables pour les habits, les jouets, la porcelaine et les articles d'intérieur. Les services de table, la verrerie et la coutellerie y sont souvent très raffinés.

Florence entame sa vie nocturne, avec des manifestations pour satisfaire tous les goûts.

Spectacles et soirées

On consacre beaucoup de temps à déambuler dans les rues, on s'attable aux terrasses de café du centre-ville pour se retrouver entre amis, surtout à la belle saison. Les Toscans aiment se balader et se montrer. La **passeggiata** quotidienne est une institution qui se prolonge parfois tard au cœur de la nuit estivale.

Jeunes et moins jeunes adorent s'asseoir au frais sur une vieille place, bavarder aux terrasses des heures durant. Dans la soirée, familles et jeunes couples arrivent également. Tout le monde semble se connaître et un verre pris sur la piazza peut se terminer par un petit dîner en terrasse... Un vrai plaisir !
Les grandes villes ont leurs salles de **cinéma**, toujours très appréciés ici. On y va en groupe pour pouvoir ensuite discuter avec passion du film. La plupart de ces villes ont aussi des **théâtres** où se produisent des troupes d'acteurs, de danseurs ou des chanteurs d'opéra en tournée. Le public est toujours très enthousiaste. Les **soirées dansantes** et les **concerts rock** sont très à la mode chez les jeunes. Les grandes villes en organisent généralement au moins deux ou trois par week-end, qui se terminent souvent très tard. Regardez les affiches annonçant ces événements. Dans les grandes stations balnéaires, la vie nocturne est très animée, et pas uniquement en été. Les habitants des petites villes voisines s'y rendent pour assister à toutes sortes de soirées, spectacles et concerts.

A Florence, certains hôtels ont des **boîtes de nuit** ou des **clubs très chic**, et parfois très chers. Les **œnothèques** sont aussi très fréquentées : il s'agit de bars où l'on peut déguster les vins locaux.

Pour savoir ce qui se passe dans la ville où vous

QUERCIOLI
BORSALINO

êtes, demandez les journaux d'annonces qui répertorient les événements locaux ; vous pouvez également vous renseigner auprès de l'Office de tourisme ou du réceptionniste de l'hôtel ! Les villes d'eau sont de plus en plus modernes et les plus grandes ont développé une vie nocturne afin d'attirer une clientèle plus jeune. Malgré tout, ces villes centenaires comptent aussi parmi les rares endroits où les personnes âgées peuvent avoir des activités sociales plus posées.

Sports

Les sports d'équipe sont très populaires. Comme partout en Italie, beaucoup d'hommes sont des fans de **football** (**calcio**), et soutiennent leur équipe avec un enthousiasme délirant. Les matchs ont généralement lieu le dimanche après-midi. Vous verrez aussi beaucoup d'équipes improvisées taper dans le ballon dans les parcs.

Les **sports d'hiver – ski** alpin ou de fond, **patin à glace – bobsleigh** ou **luge,** sont à prix raisonnable par rapport à d'autres pays européens. Ils sont très à la mode et de plus en plus pratiqués par les jeunes. Pour les fans du ski, les stations idéales se trouvent dans les Apennins, ou au Monte Amiata qui est équipé de nombreux remonte-pentes. Comme dans beaucoup de pays, on assiste depuis une dizaine d'années à l'inauguration de nombreux **complexes sportifs**. Même les plus petites villes sont dotées d'installations pour les sports collectifs en salle, la gymnastique, l'haltérophilie, la natation ou la remise en forme. Les hôtels, notamment ceux destinés à une clientèle d'affaires, ont souvent des espaces aménagés avec des salons d'esthétique, des jacuzzi, des saunas, des salles de massage et des appareils de mise en forme.
Le jogging n'est pas aussi apprécié en Italie qu'ailleurs en Europe, mais le **vélo** est une vraie passion. Rencontres de cyclistes et courses sont légion. La **moto** est également un sport favori

et de nombreuses compétitions sont organisées. Le **tennis**, sur herbe ou terre battue, est très en vogue. Le **golf** fait des adeptes et de nouveaux terrains voient le jour. Vérifiez toutes les possibilités auprès de l'office de tourisme local. Pour les amateurs de **marche** et les amoureux de la **faune**, rendez-vous dans le Mugello, le Chianti ou la Maremme. Les Apennins vous lanceront des défis plus sportifs, qu'il s'agisse de simples promenades ou de grandes randonnées, de petites escalades ou de véritable alpinisme. La région vallonnée de la Garfagnana et de la Maremme sont également idéales pour les **balades à cheval**.

Découvrir la Toscane à cheval... Un excellent moyen de voir un peu plus loin.

La **pêche** est un passe-temps plaisant, en rivière comme en mer. Pour la pêche en rivière, n'oubliez pas que vous devez être titulaire d'un permis, ce qui n'est pas le cas pour la pêche en bord de mer.

A-Z

Accidents et Pannes

Si vous vous rendez en voiture en Italie, en cas de panne composer le 116 pour être assisté par l'ACI (Automobile Club Italien). Un triangle de secours lumineux doit être placé à 50 m derrière le véhicule et les feux de détresse allumés. Pour contacter la police ou une ambulance, composez le 113. Des téléphones d'urgence sont placés tous les kilomètres le long des autoroutes *(autostrade)*.

Aéroport

A Florence

Le petit aéroport Amerigo Vespucci situé à Peretola à 4 km de la ville n'accueille que quelques vols internationaux en provenance de 11 villes européennes ; il est par ailleurs destiné aux vols intérieurs. Depuis Paris, seule la compagnie Meridiana propose des vols directs pour Florence. A l'aéroport, un bus (départ toutes les heures, durée du trajet : environ 20 mn) conduit au centre historique. Les billets sont en vente au bar de l'aéroport.

A Pise

L'aéroport international Galileo Galilei, situé à 3 km de la ville, est relié aux grandes villes internationales ainsi qu'à Lyon et Marseille pour la France.
Depuis l'aéroport on peut prendre le train pour se rendre dans le centre historique (durée du trajet : environ 10 mn) ou bien sûr louer une voiture.

Ambassades et Consulats

Ambassades

Ambassade de France à Rome : palais Farnèse, piazza Farnese, © 06/686011.

Ambassade de Belgique à Rome : via Monti Parioli 19, © 06/32124441.
Ambassade de Suisse à Rome : via Barnaba Oriani 61, © 8083643.
Ambassade du Canada à Rome : via G.B. de Rossi 27, © 06/445981.

Consulats
Consulat de France à Florence : piazza Ognissanti, © 055/23 02 556
Consulat de Belgique à Florence : via de' Conti 4, © 055/20 94
Consulat de Suisse à Florence : via Tornabuoni 1, © 055/21 61 42

Appareils électriques

La tension est de 220 V, mais l'écartement des prises de

En été les champs virent au jaune grâce aux tounesols.

courant peut parfois varier par rapport aux normes françaises. Aussi est-il recommandé de se munir d'un adaptateur.

Argent et paiement

La monnaie est la lire (*lira,* au pluriel *lire*, symbole £)). Les billets sont de 100 000, 50 000, 20 000, 10 000, 5 000, 2 000 et 1 000 lires. Les pièces de 500, 200, 100, 50, 20, 10 et 5 lires. Généralement, les agences de location de voiture, les boutiques, les hôtels, les restaurants et les grandes stations-service hors de la cité, acceptent les principales cartes de crédit, les chèques de voyage et les Eurochèques.

Les visiteurs importent autant de devises en Italie qu'ils le désirent ; les chèques de voyage restent la manière la plus sûre de transporter une grosse somme d'argent. Ces derniers sont acceptés et échangés partout. Des bureaux de change se trouvent à l'aéroport, à la gare de ferroviaire, dans les bureaux de poste et dans les agences de change. Les banques changent également les devises et les chèques de voyage *(voir aussi Banques).*

Les taux de change varient, il est donc prudent de se renseigner dans plusieurs bureaux différents ; habituellement le taux proposé par la banque sera meilleur que celui des bureaux de change (cambio).

Le paiement par **carte de crédit** se développe de plus en plus chez les commerçants et dans les établissements hôteliers. Les *guides Rouges Michelin Italia* et *Europe* signalent les hôtels et les restaurants qui acceptent ce type de paiement.
Il existe deux systèmes de paiement par cartes de crédit : le *Bancomat* qui exige de taper son code personnel et retient une commission de 3 000 lires par opération et le système de paiement par simple apposition de la signature sur la facturette qui n'entraîne pas de frais. Aussi est-il conseillé de demander le paiement par *Carta di credito* à chaque fois que le code est demandé. Le système *Bancomat* fonctionne obligatoirement pour les distributeurs automatiques, mais reste plus intéressant qu'un retrait d'argent dans un bureau de change.

Arrivée en voiture

Si vous décidez de vous rendre en Toscane par la route, voici quelques informations utiles pour le tronçon italien.
- Port de la ceinture de sécurité obligatoire à l'avant et à l'arrière du véhicule.
- **Vitesse** : sur autoroute elle est

Le Kaffehaus des Jardins de Boboli à Florence, très apprécié pour sa vue.

limitée suivant la cylindrée du véhicule
(90 km/h-600 cm^3 ;
110-130 km/h plus de
1 000 cm^3) ;
sur route 90 km/h ;
en agglomération : 50 km/h.
- **Carburant** : super = super ; senza plomo = sans plomb 95 ; super plus ou euro plus = sans plomb 98 ; gasolio = gazole. Les stations-service ferment généralement de 12 h 30 à 15 h, puis après 19 h ainsi que les dimanches et jours fériés. Sur les autoroutes, elles sont ouvertes 24 h sur 24.
Le péage sur les **autoroutes** italiennes peut être effectué en espèces ou avec la carte magnétique *Viacard* - en vente au prix de 50 000 ou 90 000 lires dans les bureaux régionaux de l'Automobile Club français ; en Italie à l'entrée des autoroutes, dans les restaurants Autogrill, dans les bureaux de l'ACI (Automobile Club Italiano).

Parkings
Il est fréquent de trouver des parkings surveillés par des gardiens. Se renseigner sur les tarifs afin d'éviter toute surprise désagréable.

Dans de nombreuses villes, de grands panneaux rectangulaires ceinturent le centre historique, portant l'inscription *Zona a traffico limitato riservata al veicolo autorizzati.* Ils signalent le début d'une zone à trafic limité et réservé aux seuls véhicules autorisés. Il est recommandé de ne pas s'engager en voiture dans les secteurs anciens, les rues sont généralement très étroites et souvent sans trottoir.

Indications touristiques

Sur les routes, les curiosités touristiques sont indiquées par des panneaux de signalisation à fond jaune.

Banques

Elles sont généralement ouvertes du lundi au vendredi de 8 h 30 à 13 h 30 et de 15 h à 16 h. Elles sont fermées les samedis, dimanches et jours fériés.
Des distributeurs automatiques de monnaie acceptent les principales cartes de crédit *(voir Argent et paiement).*

Bureaux d'information touristique

Avant de partir pour l'Italie et la Toscane et organiser son voyage, on peut s'adresser à l'ENIT (Ente Nazionale Italiano per il Turismo) :
- Paris : 23, rue de la Paix (2e), © 01 42 66 66 68
- Nice : 14, avenue de Verdun, © 04 93 87 75 81
- Bruxelles : 176, avenue Louise, L (2) 64 71 741
- Genève : 3, rue du Marché, © 31 02 922
- Montréal : 1, place Ville Marie, suite 1914, © 1 514 866 7667.

On peut également s'adresser à

La Toscane offre de larges possibilités en plage agréables.

la Compagnie Italienne de Tourisme (CIT) qui possède des bureaux dans certaines grandes villes. A Paris : 3, boulevard des Capucines (2e), © 01 44 51 39 00 ou 51.

En Toscane

Dans les chefs-lieux de province, il existe un Office Départemental de Tourisme, l'**APT** (Azienda Promozione Turismo) ou un **EPT** (Ente Provinciale per il Turismo). Dans chaque station touristique, l'**AS** (Azienda Autonoma di Soggiorno, Cura e Turismo) fait office de Syndicat d'Initiative.
Le *guide Rouge Michelin* Italia donne les adresses des Offices de Tourisme des villes traitées ainsi que celles des bureaux de l'**ACI**, l'Automobile Club Italien.

Bureaux de Poste

Les postes en Italie sont indépendantes du service des télécommunications gérées par Telecom Italia.
Les bureaux sont ouverts de 8 h 30 à 14 h (12 h le samedi et le dernier jour du mois).
Les **timbres** ne s'achètent que dans les bureaux de poste et dans les bureaux de tabac reconnaissables à leur panonceau T blanc sur fond noir.

Cartes et guides

Pour ceux qui se rendent en Toscane en voiture, utiliser les *cartes Michelin* nos 988 Italie (1/1 000 000), 430 Italie Centre (1/300 000 ou l'atlas routier Italie (1 300 000).
Pour le choix d'un hôtel ou d'un restaurant, utiliser le *guide Rouge Michelin* Italia.
Pour une visite approfondie de la Toscane, utiliser le *guide Vert Michelin* Florence et la Toscane.

FLORENCE PRATIQUE

Bureaux de Tourisme

- Bureau principal à l'Est de la ville : *Azienda di Promozione Turistica (ATP),* via Manzoni, © 23320
- Dans le centre : à proximité de la Piazza della Signoria, Chiasso de' Baroncelli 17r ou via Cavour 1.

Parkings publics

Ceux de la Fortezza da Basso (24 h sur 24) et de la gare S. Maria Novella (5 h 30 à 22 h) sont assez vastes.
Les parkings privés sont souvent complets et relativement chers.

La Toscane en diapos

Une bonne entrée en matière pour la visite de la Toscane est le spectacle *Multivisione (Experience of Toscana)* présentant les différents aspects de la région. En saison toutes les heures de 10 h à 18 h, église de Gesù Pellegrino, via S. Gallo.

Bus

Un plan des différentes lignes gérées par l'ATAF est disponible sur le côté de la gare S. Maria Novella, on peut également y acheter des billets. Ceux-ci sont égalment en vente dans les bureaux de tabac et dans les magasins signalés par le panonceau ATAF.
Des dépliants indiquant les lignes à intérêt touristique sont disponibles au bureau principal de tourisme (ATP). On peut déjà citer les lignes n°s 7, 10 et 17 B.

Taxis

Centrale téléphonique :
✆ 4798 ou 4390.

Poste et télécommunications

Bureau principal : via Pelliceria 3, à proximité de Piazza della Repubblica. on peut y adresser le courrier en poste restante. Un service de téléphone avec opérateurs est ouvert jusqu'à minuit.

Objets trouvés

Via Circondaria 19. Bureau ouvert de 9 h à 12 h sauf le dimanche. ✆ 36 79 43.

Pharmacies ouvertes 24 h sur 24

Pharmacie de la gare S. Maria Novella, ✆ 21 67 61
All'insegna del Moro, Piazza S. Giovanni, ✆ 21 23 43
Molteno, Via Calzaiuli 7, ✆ 1 54 72.

Cafés célèbres

Piazza della Reppublica, trois cafés célèbres :
- le *Giubbe Rosse,* café littéraire depuis 1890, serveurs en gilets rouges.
- *Paszkowski,* le soir orchestre en terrasse.
- *Gilli,* très beau décor inchangé depuis 1910.

Piazza della Signoria :
- *Rivoire,* on vient y déguster son incomparable chocolat chaud avec de la crème - *panna.* Bel intérieur style 18e.

Via Tornabuori 87/r :
- *Giacosa,* très prisé par les jeunes.

Cuisine typique

Cuisine et ambiance florentine dans les restaurants aménagés en sous-sol appelés *buca.* Ils se signalent par une porte basse et un escalier au ras de la rue.

Quelques restaurants sympathiques

- *Alla Vecchia Bettola,* viale Ludovico Ariosto, ✆ 224158.
- *Del Fiagoli,* corso Tontori 47, ✆ 244285. Cuisine toscane.

- *Trattoria Vittoria,* via della Fonderia 52, © 225657. Poissons et fruits de mer.
- *Angiolino,* via Santo Spirito 36/r, © 2398976

Quelques hôtels sans restaurant

- *Jane,* via Orcagna 56, © 677382.
- *Ariston,* via Fiesolana 40, © 2476693.
- *Fiorino,* via Osteria del Guanto, © 210579.
- *Orcagna,* via Orcagna 57, © 669959.
- Rapallo, via di Santa Caterina d'Alessandria 7, © 472412.

Théâtres

Les programmes figurent dans le quotidien local *La Nazione.*

- *Teatro della Pergola,* via Pergola 12/32, © 247 96 51.
- *Teatro Verdi,* via Ghibellina 101, © 21 23 20.
- *Teatro di Cestello,* piazza di Cestello 4, © 29 46 09.
- *Lyceum di Firenze,* via degli Alfani 48, © 247 82 64.
- *Teatro Niccolini,* viale Ricasoli 3, © 239 66 53.
- *Teatro Comunale,* corso Italia 12, © 27791.

Flânerie et emplettes

- *Borgo Ognissanti, vie de' Fossi, de' Serragli et Maggio :* boutiques de broderie et d'antiquaires.
- *Via de' Tornabuoni, Ponte Vecchio :* orfèvrerie.

De nombreuses caves et boutiques offrent une dégustation avant que vous n'achetiez.

- *Piazza della Signoria, via de' Tornabuori, piazza Pitti :* beaux papiers.
- *Vie Por Santa Maria, Calimala et Roma, via de' Calzaiuoli :* boutiques de mode, chausseurs, maroquineries.
- *Anunziata, via Cavour :* librairies.
- *Piazzale degli Uffizi, San Lorenzo :* marchands de souvenirs.

Numérotation des rues

Théoriquement, elle part des bords de l'Arno pour les rues perpendiculaires au fleuve et suit le cours de l'eau pour celles parallèles à celui-ci. Le numéros rouges indiquent des locaux commerciaux, les bleus les immeubles d'habitation et les hôtels.

Formalités d'entrée

Papiers : pour un séjour de moins de 3 mois, les ressortissants d'un pays membre de l'Union européenne doivent posséder la carte d'identité en cours de validité ou un passeport (même périmé depuis moins de cinq ans). Passeport pour les non-ressortissants. Bien se renseigner avant de partir pour les enfants mineurs.
Conducteurs : permis de conduire à 3 volets ou permis de conduire international.
Pour la voiture : papier du véhicule, carte verte internationale d'assurance.
Santé : pour profiter d'une assistance médicale dans les mêmes conditions que dans leur pays d'origine, les ressortissants d'un pays membre de l'Union européenne doivent se procurer le formulaire E 111 avant le départ. Pour les accidents d'auto, les Suisses bénéficient de la Convention prévue par le formulaire ICH.
Animaux domestiques : se munir d'un certificat vétérinaire de moins de dix jours prouvant que l'animal a été vacciné contre la rage depuis plus d'un mois et moins de onze.

Jours fériés

- 1er janvier
- 6 janvier (Épiphanie)
- Pâques
- Lundi de Pâques (“ lunedi dell'Angelo ”)
- 25 avril (anniversaire de la libération de 1945)
- 1er mai
- 15 août (“ Ferragosto ”)
- 1er novembre
- 8 décembre (Immaculée Conception)
- Noël
- 26 décembre (St-Étienne).

De plus chaque ville célèbre la fête de son saint patron, ce jour est chômé.

Hébergement

Hôtels
Le *guide Rouge Michelin Italia*, mis à jour chaque année, recommande un large choix d'hôtels établi après visites et enquêtes sur place.
Quelques hôtels
A Florence : *voir Florence pratique.*

A Pise

- *Amalfita*, via Roma 44, © 050/29000.
- *Touring*, via Puccini 24, © 050/46374;
- *Terminus*, via Colombo 45, © 050/500303.

A Sienne

- *Minerva*, via Garibaldi 72, © 0577/284474. Vue.

- *Arcobaleno,* via Fiorentina 32/40, ✆ 0577/271092. Jardin.
- *Castagneto,* via dei Cappuccini 39, ✆ 0577/45103. Vue sur la ville.
- *Duomo,* via Stalloreggi 38, ✆ 0577/289088. Vue
- *Antica Torre,* via Fieravecchia 7, ✆ 0577/222255.

Camping-caravaning

S'adresser à la Fédération du Camping et du Caravaning, boîte postale 23, 50041 Calenzano. Siège : via Vittorio Emanuele 11, 50041 Calenzano, L 055/88 23 91. Cet organisme édite tous les ans une carte des terrains de camping italiens accordant une réduction aux titulaires du Carnet Camping International, ainsi qu'un guide *Campeggi e villaggi turistici in Italia.*

Auberges de jeunesse

Certaines *Ostelli della Gioventù* délivrent la carte annuelle aux Auberges de Jeunesse. Cependant, il est recommandé d'acheter cette carte avant de ses rendre en Italie. En France, on peut se la procurer auprès de la Ligue française pour les Auberges de Jeunesse, 38, boulevard Raspail 75007 Paris, ✆ 01 45 48 69 84.

La place principale de Pienza.

Agriturismo

Ce terme désigne les vacances en milieu rural, à la ferme ou dans des dépendances aménagées pour les hôtes. Ce mode d'hébergement convient parfaitement aux amoureux de la nature qui désirent également découvrir et savourer les produits régionaux.
Pour tout renseignement, envois de brochures et réservations, s'adresser à *Terranostra Toscana*, via Magazzini n. 3, Firenze, © 055/28 05 39, tous les jours sauf le samedi de 8 h 30 à 13 h 30 et les lundis, mercredis et vendredis de 14 h 30 à 17 h 30.

Forfaits

Pour des séjours courts dans des villes comme Florence, Pise ou Sienne, ne pas hésiter à consulter une agence de voyages pour acheter un forfait train + hôtel ou avion + hôtel. La visite de plusieurs musées de la ville peut également faire partie du forfait.

Objets trouvés

Voir aussi Florence pratique.
Faire immédiatement une déclaration à la police et au consulat en cas de perte ou vol de passeport ou carte d'identité. De mêm pour toute perte ou vol de chèques de voyage ou carte de crédit. Prévenir aussi la banque émettrice.

Pharmacies

La *farmacia* est signalée par une croix rouge et blanc. Les jours de fermeture, on y trouve affichés les noms des médecins et de la pharmacie de garde.
Voir aussi Florence pratique.

Plages

sur certains secteurs de la côte, des plages payantes (souvent très propres et d'un confort remarquable) peuvent alterner avec des plages d'accès libre parfois un peu moins bien entretenues.

Restauration

On peut bien évidemment se reporter au *guide Rouge Michelin Italia* qui propose un grand choix de restaurants.

Quelques adresses

A Florence : *voir Florence pratique.*

A Pise
- *Osteria dei Cavalieri,* via San Frediano 16, © 050/580858.
- *Lo Schiaccianoci,* via Vespucci 104/a, © 050/21024. Réserver, nombre de places limité.
- *Alla Giornata,* via Sanat Bibbiana 11, © 050/542504.

- *Da Bruno,* via Bianchi 12, © 050/560818.

A Sienne

- *Da Divo,* via Franciosa 25, © 0577/286054. Cadre médiéval.
- *Medio Evo,* via dei Rossi 40, © 0577/280315. Authentique palais du 11e s.
- *Osteria le Logge,* via del Porrione 33, © 0577/48013.
- *Osteria Castelvecchio,* via Castelvecchio 65, © 0577/49586.
- Cane e Gatto, via Pagliaresi 6, © 0577/287545. Réserver, nombre de places limité.

Repas traditionnel

Il se compose d'un *antipasto* (hors-d'œuvre), un *primo* (surtout des pâtes), un *secondo* (viande ou poisson) accompagné d'un *contorno* (légumes ou salade), puis le *fromaggio* (fromage) servi avec des fruits ou *frutta,* et des desserts : *dolce* (gâteau), *gelato* (glace), *semifreddo* (gâteau glacé).

Des pâtes, des pâtes...

Cannelloni (gros tubes farcis), *farfalle* (pâtes en forme de papillon), *fettuccine* (taggliatelle d'origine romaine), *fusilli* (petites pâtes en spirale), *lasagne, maccheroni, ravioli, spaghetti, tagliatelle, tortelloni.*

Boisson

L'eau se consomme plutôt en bouteille (*acqua minerale non gassata* - plate ou *gassata* - gazeuse).
Le vin se sert en bouteille ou en pichet *(in caraffa* ou *vinosfuso, un quartino* - un quart, *mezzo litro* - un demi-litre).
La bière ou *pietra* est servie en bouteille ou à la pression *alla spina.*

Le café

Une grande spécialité des Italiens. On trouve l'*espresso* (très serré, juste le fond de la tasse), le *caffè lungo* (semblable à l'express français), le *correcto* (avec de l'eau-de-vie), le *caffè latte* (café au lait), le *caffè macchiato* (servi dans une petite tasse et «taché» de lait), le *capuccino* (le lait est battu en mousse et saupoudré de cacao).
Le sucre en morceaux n'est pas très utilisé en Italie. On ne s'étonnera donc pas à ne trouver que du sucre en poudre au comptoir des bars, présenté dans de magnifiques récipients oblongs à couvercle, souvent en argent.
L'usage est de payer d'abord sa consommation à la caisse, et ensuite seulement, on peut commander au comptoir auprès du serveur en présentant son ticket.

Les glaces
Ne pas quitter l'Italie sans avoir dégusté une succulente glace ou un délicieux sorbet *(gelato)* dont la renommée n'est plus à faire.
Quelques parfums originaux : la *stracciatella* est une glace au lait relevée de pépites de chocolat ; gianduia fait référence à de petits chocolats au lait, oblongs et fondants, parfumés à la noisette ; *bacio* est une glace au chocolat au lait, *flor di latte* (ou *panna* qui lui ressemble à s'y tromper) simplement à la crème au lait, sans oublier la *cassata* proche de la plombière et *crema* une crème jaune parfumée de vanille quant au parfum *tiramisù,* il reprend celui du fameux gâteau glacé au café.

Les sandwichs
Un petit réconfort lors d'une promenade. Rien à voir avec le traditionnel sandwich français baguette et jambon-beurre. Généralement plus petits les sandwichs se présentent sous trois formes : la *schiacciata* (à base de galettes à l'huile légèrement salées et se présentant comme une part de gâteaux), le *tramezzino* (triangulaire, pain de mie coupé en diagonale), le *panino* (petit pain rond ou long).
Pour une petite faim un *taglio di pizza* (une part de pizza) peut très bien suffire. Dans les bars, la pizza est effectivement préparée sur de grandes plaques de métal et vendue à la part.

Pique-nique ou casse-croûte
Les épiceries de village offrent tout ce qu'il faut pour se restaurer «vite fait» dans un petit coin tranquille : fruits frais, légumes (les tomates sont très parfumées), boissons fraîches, yaourts, etc.
Une *pizzicheria* est une charcuterie, avis aux amateurs de cochonnaille et de salaison. Dans les villages, on trouve également dans ces boutiques du pain, parfois du fromage, du vin, de l'huile et autres spécialités locales.

Tailles
Les tailles des vêtements italiens sont différentes des tailles françaises : un 44 italien correspond à un 40 français. De même les pointures des chaussures sont différentes : un 37 italien correspond à un 38 français.

Téléphone
Chaque agence de Telecom Italia est équipée de cabines publiques permettant de régler la communication à la caisse. Bureau également dans le Fondaco dei Tedeschi.
Les cabines à carte tendent à se

généraliser (on trouve aussi des cabines à pièces, voire même à jetons). Les cartes sont disponibles auprès des agences de la CIT ainsi que dans les bureaux de tabac (panonceau à T blanc sur fond noir). Valeur : 5 000, 10 000 ou 15 000 lires.

D'Italie vers la France : 00 33 + numéro du correspondant.

vers la Belgique : 00 32...

vers la Suisse : 00 41...

Shopping au quotidien sur la vaste Piazza Dante de Grosseto.

En Italie : à l'intérieur d'une ville et de sa circonscription, composer simplement le numéro du correspondant. Vers une autre ville, indicatif de la ville (commence par 0) suivi du numéro du correspondant.
A partir de 18 h 30, les communications sont moins chères, puis encore de 22 h à 8 h le lendemain.

Quelques numéros utiles
180 172 informations en français sur l'utilisation du téléphone en Italie
12 renseignements
15 appels en PCV
112 carabiniers (en cas d'urgence seulement)
113 police, croix-rouge, intervention sanitaire rapide (en cas d'extrême urgence seulement)
116 secours routier de l'ACI
064212 informations en langues étrangères liées au séjour en Italie (météo, enneigement, tarifs d'autoroutes, etc.).

Timbres, voir Bureaux de Poste

La Toscane par le rail

De France
Au départ de Paris (gare de Lyon), trois trains directs desservent la Toscane :
- pour Florence (gare au cœur même de la ville), le *Galilei* (départ 20 h 09, arrivée 8 h 26), arrêts à Dijon, Dole et Vallorbe.
- le *Napoli-Express* (départ 20 h 56, arrêts à Dijon, Chambéry et Modane) dessert les gares de Viareggio, Pise (arrivée à 10 h 51) et Livourne.
- le *Palatino* en direction de Rome (départ de Paris 18 h 47, arrêts à Dijon et Chambéry) arrive à Pise à 6 h 30.
Au départ de Lyon : changement à Turin pour Florence.

Le clocher de Montalcino.

Au départ de Bordeaux : changement à Toulouse, Nice ou Gênes pour Pise.

De Belgique
Un train circule en juillet et août, reliant Bruxelles (gare Bruxelles-Midi) à Florence. Départ 15 h 15, arrivée à Florence 6 h 45, arrêts à Namur, Arlon, Luxembourg et Bâle. Pour Pise correspondance à Florence.

De Suisse
Changement à Milan et trains directs pour Florence ou, via Gênes, pour toute la côte tyrrhénienne dont Pise.

Transports

Train
Florence est reliée (gare Santa Maria Novella) à la plupart des grandes villes toscanes.

Bus
La compagnie ATAF, piazza del Duomo à Florence fournit renseignements et billets au public. Gares routières à Arezzo (Viale Piero della Francesca), Lucques (Piazza Verdi), Pise (Piazza Vittorio Emanuele II et Piazza San' Antonio), Prato (Piazza del Duomo), Sienne (Piazza San Domenico).

Le campanile du Duomo de Lucques vu au travers des arbres.

PETIT LEXIQUE

Mots usuels

parlez-vous français ? : **parla francese ?**
oui, non : **si, no**
monsieur : **signore**
madame : **signora**
mademoiselle : **signorina**
aujourd'hui : **oggi**
demain : **domani**
matin : **mattina**
s'il vous plaît : **per favore**
merci : **grazie**
combien ça coûte ? : **quanto costa ?**
l'addition, s'il vous plaît : **il conto, per favore**
excusez-moi : **mi scusi**
je voudrais un timbre : **vorrei un francobollo**
acceptez-vous les chèques de voyage ? : **accetta travellers'cheques ?**
je ne comprends pas : **non capisco**
bonjour : **buon giorno**
bon après-midi, bonsoir : **buona sera**
au revoir : **arrivederci**
peut-on visiter ? : **si puó visitare ?**
quelle heure est-il ? : **che ore sono ?**
quand ? : **quando ?**
la route pour ? : **la strada per ?**
où ? : **dov'è ?**
beaucoup : **molto**
peu : **poco**
plus : **plù**
moins : **meno**
cher : **caro**

Chiffres et nombres

0	zero
1	uno
2	due
3	tre
4	quattro
5	cinque
6	sei
7	sette
8	otto
9	nove
10	deci
11	undici
12	dodici
13	tredici
14	quattordici
15	quindici
16	sedici
17	diciassette
18	diciotto
19	diciannove
20	venti
30	trenta
40	quaranta
50	cinquanta
60	sessanta
70	settanta
80	ottanta
90	novanta
100	cento
100	mille